Hinter dem Sachregister befindet sich ein ausführliches Verzeichnis der

Guttentagschen Sammlung

Deutscher Reichs- und Preußischer Gesetze

— Textausgaben mit Anmerkungen; Taschenformat —,

die alle wichtigeren Gesetze in unbedingt zuverlässigem Abdruck und mit mustergültiger Erläuterung wiedergibt.

Guttentagsche Sammlung
Nr. 168. Deutscher Reichsgesetze. Nr. 168.
Textausgaben mit Anmerkungen und Sachregister

Arbeitsgerichtsgesetz

vom 23. Dezember 1926

(RGBl. I Nr. 68 S. 507)

und die anzuwendenden Bestimmungen zitierter Gesetze mit einer erläuternden Einleitung nebst Anmerkungen sowie einem Sachregister

von

Dr. Hans Depène
Obermagistratsrat
Vorsitzender des Kaufmannsgerichts Berlin.

Berlin und Leipzig 1927.
Walter de Gruyter & Co.
vormals G. J. Göschen'sche Verlagshandlung — J. Guttentag, Verlagsbuchhandlung — Georg Reimer — Karl J. Trübner — Veit & Comp.

Vorwort.

Schneller als man den Umständen nach annehmen konnte, ist das Arbeitsgerichtsgesetz zur Tatsache geworden. Die Beschlüsse des 9. Ausschusses (Sozialpolitik), welcher das Gesetz vorberaten hatte, wurden dem Plenum des Reichstages mit einer mündlichen Berichterstattung vorgelegt. In zwei Sitzungen am 11. und 13. Dezember 1926 ist hierauf das Gesetz vom Reichstag verabschiedet worden. Der schriftliche Bericht des Ausschusses wird sehr viel später erst nachgeliefert werden. Die dem Entwurf beigefügte amtliche Begründung des Reichsarbeitsministeriums beschäftigt sich mit der Auslegung des Gesetzes nur wenig. Reichs- und landesrechtliche Ausführungsbestimmungen, die gerade für dieses Gesetz von besonderer Bedeutung sein können, sollen auch erst später erscheinen. Bei dieser Sachlage ist zurzeit von einer Kommentierung des Gesetzes abgesehen und zunächst eine Textausgabe mit einer erläuternden Einleitung nebst Anmerkungen veröffentlicht worden. Es wird für den Juristen wie für den Laien von Nutzen sein, sich vorerst einmal in den Gedanken und die Bedeutung des neuen Gesetzes, dessen Tragweite allgemein noch nicht hinreichend gewürdigt wird und für das teilweise selbst in Juristenkreisen noch kein volles Verständnis besteht, hineinzufinden.

Da die Einrichtung der neugeschaffenen Gerichte frühestens am 1. Juli 1927 erfolgt, dürfte noch reichlich Zeit bleiben, auf seine Auslegung einzugehen und seine Anwendung vorzubereiten.

Um unbequemes Nachschlagen zu vermeiden, sind im Gesetzestext angezogene Gesetzesstellen hinter den betreffenden Paragraphen in anderer Druckschrift abgedruckt. Die in Frage kommenden Paragraphen des Betriebsrätegesetzes, welche schon für die vorläufigen Arbeitsgerichte galten, sind nebst Erläuterungen des unterzeichneten Verfassers aus Nr. 112a der gleichen Sammlung übernommen worden. Sie dürften besonders für Arbeitgeber und Arbeitnehmer für die Innehaltung der formalen Vorschriften über das Einspruchsverfahren gegen Kündigungen beachtenswert sein. Zur leichteren Auffindung von Gesetzesstellen dient ein ausführliches Sachregister. Paragraphenzahlen im Text der Einleitung ohne Angabe eines Gesetzes bedeuten diejenigen des Arbeitsgesetzes.

Berlin, im Januar 1927.

Hans Depène.

Inhaltsverzeichnis.

Abkürzungen.

a. A. = anderer Ansicht.
AB. = Ausführungsbestimmung.
a. F. = alte Fassung.
AG. = Ausführungsgesetz.
AGG. = Arbeitsgerichtsgesetz.
a. M. = anderer Meinung.
AVG. = Angestelltenversicherungsgesetz v. 28. Mai 1924.
BGB. = Bürgerliches Gesetzbuch.
Bgr. = Amtliche Begründung des Reichsarbeitsministeriums zum Entwurf eines Arbeitsgerichtsgesetzes.
BRG. = Betriebsrätegesetz.
BV. = Betriebsvertretung
E. = Einleitung.
GewKfmGer. = Das Gewerbe- und Kaufmannsgericht. Monatsschrift des Verbandes deutscher Gewerbe- und Kaufmannsgerichte, Berlin, die vom 1. Januar 1927 den Titel: „Das Arbeitsgericht" führt.
GGG. = Gewerbegerichtsgesetz.
GKG. = Gerichtskostengesetz.
GO. = Reichs-Gewerbeordnung.
GS. = Preußische Gesetzsammlung.
GVG. = Gerichtsverfassungsgesetz.
HGB. = Handelsgesetzbuch.
KGG. = Kaufmannsgerichtsgesetz.
RABl. = Reichsarbeitsblatt.
RAM. = Reichsarbeitsministerium.
RG. = Entscheidung des Reichsgerichts in Zivilsachen.
RGBl. = Reichsgesetzblatt.
SchBG. = Gesetz über die Beschäftigung Schwerbeschädigter.
StGB. = Strafgesetzbuch.
V. = Verordnung.
ZPO. = Zivilprozeßordnung.

Einleitung.

Über die geschichtliche Entwicklung der Arbeitsgerichtsbarkeit[1]) und die Vorgeschichte des Arbeitsgerichtsgesetzes enthält der allgemeine Teil der amtlichen Begründung, welcher dem Entwurf dieses Gesetzes seitens des Reichsarbeitsministeriums beigefügt worden ist, folgende Ausführungen:

„Die Arbeitsgerichtsbarkeit hat eine mehr als hundertjährige Geschichte. Ihre Anfänge reichen bis in das Zunftwesen des Mittelalters zurück. Schon damals wurden Streitigkeiten aus dem Arbeitsverhältnis vielfach in einem von dem ordentlichen Gerichtsverfahren verschiedenen beschleunigten Verfahren entschieden, das allerdings den heutigen Anforderungen an ein gerichtliches Verfahren nicht entsprach. Auf diese Wurzeln geht die in der Reichsgewerbeordnung noch erhaltene Gerichtsbarkeit der Innungen zurück, die jedoch in Abweichung von der ursprünglichen Regelung die Beteiligung der Arbeitnehmer in den entscheidenden Stellen vorsieht.

Die Anfänge einer Arbeitsgerichtsbarkeit im neuzeitlichen Sinne stammen aus der französischen Revolution. Im Mittelpunkte des damals wichtigsten französischen Industriegebiets in Lyon, dem Hauptstandorte der Seidenindustrie, bestand zu dieser Zeit das ‚Tribunal Commun‘, bei dem die Streitigkeiten zwischen den Fabrikanten und ihren Arbeitern von Fabrikanten als Richtern beigelegt wurden. An seine Stelle setzte Napoleon I. auf den Vorschlag der Handelskammer von Lyon durch das Gesetz vom 18. März 1806 den ‚Conseil de Prud'hommes‘, der aus fünf Arbeitgebern und vier Arbeitnehmern (Werkstattmeistern) bestand. Der Conseil de Prud'hommes hatte

[1]) Eingehender und Literatur hierüber siehe bei Kaskel: Arbeitsrecht 1925 S. 267 ff.

Entscheidungsbefugnis zunächst nur in Bagatellstreitigkeiten im Werte bis zu sechzig Franken, später bis zu hundert Franken, konnten hier endgültig erledigt werden. In den übrigen Fällen machte der Conseil nur den Versuch einer gütlichen Beilegung, während die Entscheidung des Streites durch das Handelsgericht oder das sonst zuständige ordentliche Gericht erfolgen mußte. Der Conseil gliederte sich in eine Vergleichsabteilung und eine Entscheidungsabteilung. Beide bestanden aus Arbeitgebern und Arbeitnehmern in gleicher Zahl. Jede Streitigkeit mußte zunächst vor der Vergleichsabteilung verhandelt werden. Gelang die gütliche Beilegung nicht, so wurden Streitigkeiten unter sechzig, später hundert Franken, von der Entscheidungsabteilung endgültig in einem formlosen Verfahren gebührenfrei entschieden. Wegen der anderen Streitigkeiten mußte sich der Kläger an das Gericht wenden. Der Conseil hatte außerdem gewisse Verwaltungs- und Strafbefugnisse. Nach dem Muster der Lyoner Einrichtung wurden bald auch in vielen anderen Industriegegenden Conseils de Prud'hommes mit gleicher Zuständigkeit errichtet. Aus der Schnelligkeit der Verbreitung dieser Form der Arbeitsgerichtsbarkeit in Frankreich ist zu entnehmen, daß schon damals im Arbeitslohn ein starkes Bedürfnis nach einem schleunigen Verfahren vor paritätisch besetzten Sondergerichten bestand.

Im Verlaufe der Napoleonischen Kriege, insbesondere infolge der Bildung des Rheinbundes unter französischer Führung, griff der Gedanke dieser Gerichtsbarkeit auch auf das rechtsrheinische Deutschland über. Es kam dort zur Errichtung der ‚Fabrikengerichte', die Preußen später als ‚Königliche Gewerbegerichte in der Rheinprovinz' übernommen und weiter ausgebaut hat. Sie haben sich als ‚staatliche Gewerbegerichte' bis heute im Rheinland erhalten. Die derzeitige Regelung beruht auf dem Gesetze, betreffend die Königlichen Gewerbegerichte in der Rheinprovinz, vom 11. Juli 1891 (Preußische Gesetzsammlung S. 311). Sie ist im § 14 Nr. 4 des Gerichtsverfassungsgesetzes und später im § 85 des Gewerbegerichtsgesetzes aufrechterhalten.

Außerhalb des Rheinlandes wurden staatliche Gewerbegerichte im Laufe des neunzehnten Jahrhunderts im damaligen Königreiche Sachsen, in Hamburg und Lübeck errichtet.

Im übrigen Preußen bildete sich zu dieser Zeit eine andere Art der Arbeitsgerichtsbarkeit heraus. Die preußische Gesetzgebung vertrat, wie auch die Gesetzgebung einzelner anderer deutscher Staaten, den Standpunkt, daß die Entscheidung von Bagatellsachen im allgemeinen von der staatlichen Gerichtsbarkeit ferngehalten und den Gemeinden überlassen werden könne. Als Bagatellsachen wurden auch die Streitigkeiten zwischen Arbeitgebern und Arbeitnehmern aus dem Arbeitsverhältnis angesehen. Infolgedessen verlieh die Preußische Allgemeine Gewerbeordnung vom 17. Januar 1845 den Gemeinden das Recht, für die Beilegung von Streitigkeiten zwischen selbständigen Gewerbetreibenden und ihren Arbeitern paritätische Schiedsgerichte zu errichten. Diese Einrichtung wurde von der Gewerbeordnung für den Norddeutschen Bund vom 21. Juli 1869, der späteren Gewerbeordnung für das Deutsche Reich, übernommen. Von dem Rechte machten bis zum Jahre 1890 etwa 70 Städte Gebrauch.

Mit dem Fortschreiten der industriellen Entwicklung verstärkte sich das Bedürfnis nach einer besonderen Gerichtsbarkeit für die Streitigkeiten des Arbeitslebens. Die neue Bewegung unterschied hierbei im allgemeinen nicht zwischen der Behandlung der Rechtsstreitigkeiten des Arbeitnehmers mit seinem Arbeitgeber aus dem einzelnen Arbeitsverhältnis und der der sogenannten Gesamtstreitigkeiten der Arbeitnehmer mit den Arbeitgebern um die Erringung besserer Arbeitsbedingungen oder die Verhinderung ihrer Verschlechterung; die erstrebten Einrichtungen sollten vielmehr der Beilegung aller Streitigkeiten zwischen Arbeitgebern und Arbeitnehmern dienen, wie manche Vorbilder im Ausland.

Entsprechend diesen Forderungen legten die verbündeten Regierungen den gesetzgebenden Körperschaften mehrfach Entwürfe zur Abänderung der Reichsgewerbeordnung vor, die jedoch nicht zur Annahme gelangten. Durch die Entschließungen des Reichstags vom 24. März 1886 — Nr. 122 der Drucksachen — und vom 12. Januar 1889 — Nr. 18 der Drucksachen — wurde schließlich die Vorlage des Entwurfs eines Gesetzes, betreffend die Gewerbegerichte, veranlaßt, der allgemeine Gewerbegerichte vorsah. Er wurde am 29. Juli 1890 Gesetz; dieses Gesetz wurde später als Gewerbegerichtsgesetz vom 30. Juni/29. September 1901 unter Erweiterung der Zuständigkeit neu gefaßt. Danach werden die Gewerbegerichte als Einrichtungen der Gemeinden und Gemeindeverbände errichtet. Die Regierung erklärte aber bei der Beratung des Entwurfs im Reichstag, daß sie ohne Rücksicht auf ihre Errichtungsart Staatsgerichte seien und staatliche Justizhoheit ausüben, so daß z. B. in Preußen ‚im Namen des Königs' von ihnen Recht gesprochen werde. Für Gemeinden mit mehr als 20000 Einwohnern ist die Errichtung von Gewerbegerichten vorgeschrieben; kleineren Gemeinden sowie Gemeindeverbänden ist die Errichtung von Gewerbegerichten überlassen. Die Gewerbegerichte müssen aus einem unparteiischen Vorsitzenden und Beisitzern der Arbeitgeber und Arbeitnehmer in gleicher Zahl bestehen; Einzelheiten werden durch Ortsstatut geregelt. Die Zuständigkeit der Gewerbegerichte erstreckt sich auf die Entscheidung aller Streitigkeiten aus dem Arbeitsverhältnisse zwischen gewerblichen Arbeitgebern und ihren Arbeitern, wozu auch technische Angestellte bis zu einem gewissen Jahresarbeitsverdienste gerechnet werden. Auch die Tätigkeit als Einigungsamt in den Angelegenheiten, die später vielfach als Gesamtstreitigkeiten bezeichnet wurden, war ihnen bis zum Inkrafttreten der Verordnung über das Schlichtungswesen vom 30. Oktober 1923 übertragen. Streitigkeiten der Handlungsgehilfen und der Lehrlinge in Handelsgeschäften sind von der Geltung des Gesetzes ausdrücklich ausgenommen. Für Arbeitsstreitigkeiten im Bergbau können besondere staatliche Berggewerbegerichte gebildet werden, die in ihrem Aufbau und Verfahren den von den Gemeinden errichteten Gewerbegerichten entsprechen. Bisherige andere Einrichtungen der Arbeitsgerichtsbarkeit, wie die staatlichen Gewerbegerichte, die Innungen in ihrer Tätigkeit als streitentscheidende Stellen und die Innungsschiedsgerichte werden aufrechterhalten.

Die Sondergerichte sind nach dem Gesetze nur für den ersten Rechtszug zuständig. Soweit Berufung zulässig ist, geht diese an die ordentlichen Gerichte, und zwar die Landgerichte.

Durch das Gesetz, betreffend Kaufmannsgerichte, vom 6. Juli 1904, wurden später nach dem Vorbild der Gewerbegerichte besondere Kaufmannsgerichte für die Streitigkeiten zwischen Kaufleuten und ihren Handlungsgehilfen und Lehrlingen geschaffen.

Das Gesetz über den vaterländischen Hilfsdienst vom 5. Dezember 1916 (Reichsgesetzbl. S. 1333) übertrug die Entscheidung von Streitigkeiten zwischen Arbeitgebern und Arbeitnehmern über die Erteilung des durch das Gesetz eingeführten sogenannten Abkehrscheins den neugebildeten Schlichtungsausschüssen. Nach der Staatsumwälzung wurde den Schlichtungsausschüssen, die auf Grund der Verordnung vom 23. Dezember 1918 an Stelle der Schlichtungsausschüsse auf Grund des Hilfsdienstgesetzes errichtet worden waren, die Entscheidung einzelner neuer arbeitsrechtlicher Streitigkeiten zwischen Arbeitgebern und Arbeitnehmern, insbesondere der Entlassungsstreitigkeiten aus den §§ 84ff.

des Betriebsrätegesetzes, übertragen, ohne daß hierbei ein Unterschied zwischen gewerblichen, kaufmännischen und anderen Arbeitnehmern gemacht wurde. Durch die Verordnung über das Schlichtungswesen vom 30. Oktober 1923 (Reichsgesetzbl. I S. 1043) wurden diese Streitigkeiten den vorläufigen Arbeitsgerichten übertragen; als solche gelten für Streitigkeiten zwischen Kaufleuten und kaufmännischen Arbeitnehmern die Kaufmannsgerichte, für alle übrigen Streitigkeiten die Gewerbegerichte, wo keine Gewerbegerichte oder Kaufmannsgerichte bestehen, besondere arbeitsgerichtliche Kammern der Schlichtungsausschüsse.

Damit ist die bisherige Entwicklung der Arbeitsgerichtsbarkeit in Deutschland abgeschlossen.

Die Arbeitsgerichtsbarkeit ist demnach zurzeit keine allgemeine; sie ergreift insbesondere, abgesehen von den Entlassungsstreitigkeiten nach den §§ 86, 87 des Betriebsrätegesetzes und ähnlichen Sonderfällen, nicht die Streitigkeiten der Landarbeiter, der Hausgehilfen, der Arbeiter und Angestellten öffentlicher Körperschaften und der anderen weder technischen noch kaufmännischen Angestellten. Sie ist aber weiter in eine Reihe verschiedener Einrichtungen zersplittert und damit für die Beteiligten unübersichtlich.

Schon vor der Staatsumwälzung hatten sich in Deutschland wie auch in anderen Ländern, in denen die Arbeitsgerichtsbarkeit nur einem beschränkten Kreise der Arbeitgeber und Arbeitnehmer zur Verfügung stand, Bestrebungen geltend gemacht, eine allgemeine, einheitliche Arbeitsgerichtsbarkeit für die Streitigkeiten aller Arbeitgeber und Arbeitnehmer aus dem Arbeitsverhältnis und für alle hiermit zusammenhängenden Streitigkeiten zu schaffen. Diese Bestrebungen verstärkten sich in Deutschland nach der Staatsumwälzung im Zusammenhange mit dem Gedanken der Schaffung eines einheitlichen Arbeitsrechts überhaupt, der im Artikel 157 Abs. 2 der Reichsverfassung niedergelegt ist. Das kommende Arbeitsgesetzbuch sollte auch ein Arbeitsgerichtsgesetz enthalten. Aber die Beteiligten verlangten, daß dieses Arbeitsgerichtsgesetz bald geschaffen würde, unabhängig von dem allmählichen Werden des ganzen Gesetzbuchs.

Die Reichsregierung beauftragte deshalb schon im Jahre 1919 den zur Schaffung des Arbeitsgesetzbuchs eingesetzten Arbeitsrechtsausschuß mit der Ausarbeitung des Entwurfs eines Arbeitsgerichtsgesetzes. Ein aus dem Arbeitsrechtsausschusse gebildeter Unterausschuß stellte im Jahre 1920 zunächst einen Vorentwurf her, der auf der Tagung des Verbandes deutscher Gewerbe- und Kaufmannsgerichte in Bamberg im September 1921 eingehend erörtert wurde. Dieser Vorentwurf bildete die Grundlage für einen im Jahre 1921 vom gesamten Arbeitsrechtsausschuß aufgestellten, den Vorentwurf in manchen Punkten abändernden und ergänzenden Entwurf (abgedruckt als Beilage zu Nr. 2 der Zeitschrift ‚Gewerbe- und Kaufmannsgericht' 1921). Dieser Entwurf sah einen dreigliedrigen Aufbau der Arbeitsgerichtsbarkeit in Arbeitsgerichten, Landesarbeitsgerichten und einem Reichsarbeitsgerichte vor. Nur im letzten Rechtzug war die Arbeitsgerichtsbarkeit mit der ordentlichen Gerichtsbarkeit dadurch verbunden, daß das Reichsarbeitsgericht bei dem Reichsgerichte zu errichten war. Arbeitsgerichte und Landesarbeitsgerichte waren als selbständige Gerichte gedacht, und zwar sollten die Arbeitsgerichte grundsätzlich für den Bezirk einer unteren Verwaltungsbehörde, die Landesarbeitsgerichte für Länder, Provinzen oder ähnliche größere Gebiete errichtet werden; die Dienstaufsicht sollte der obersten Landesverwaltungsbehörde zustehen. Bei den Arbeitsgerichten war in Bezirken, die keine Gemeinden mit mehr als 50 000 Einwohnern umfaßten, die Möglichkeit des Anschlusses an eine andere Behörde, auch an eine Gerichtsbehörde, gegeben; in diesem Falle sollte die Dienstaufsicht von der obersten Landesverwaltungsbehörde im Einvernehmen mit der für die andere Behörde zuständigen Landesbehörde geführt werden.

Gegen den Entwurf des Arbeitsrechtsausschusses wurden erhebliche Bedenken von verschiedenen Seiten, insbesondere wegen der grundsätzlichen Selbständigkeit der Arbeitsgerichte und der Landesarbeitsgerichte, geltend gemacht. Im Reichsarbeitsministerium wurde deswegen im Herbst 1921 ein neuer Entwurf ausgearbeitet. Dieser Referentenentwurf sah die Errichtung der Arbeitsgerichte bei den Amtsgerichten, der Landesarbeitsgerichte bei den Landgerichten, des Reichsarbeitsgerichts beim Reichsgerichte vor. Bei der Besprechung des Referentenentwurfs mit den beteiligten Kreisen stieß die darin vorgesehene Eingliederung der Arbeitsgerichtsbarkeit in die ordentliche Gerichtsbarkeit, insbesondere bei dem überwiegenden Teile der Arbeitnehmerschaft, auf starken Widerstand. Der Aufbau der Arbeitsgerichtsbarkeit wurde deshalb vom Reichsarbeitsministerium im Einvernehmen mit dem Reichsjustizministerium dahin abgeändert, daß die Arbeitsgerichte als selbständige Gerichte durch die Landesjustizverwaltung im Einvernehmen mit der obersten Landesbehörde für die Sozialverwaltung regelmäßig für den Bezirk eines Amtsgerichts errichtet werden sollten. Die allgemeine Dienstaufsicht sollte der Landesjustizverwaltung im Einvernehmen mit der obersten Landesbehörde für die Sozialverwaltung obliegen. Von diesen beiden Verwaltungen sollten auch die Vorsitzenden bestellt werden, die regelmäßig ordentliche Richter sein sollten, sonst aber jedenfalls die Befähigung zum Richteramte haben mußten. Die Landesarbeitsgerichte und das Reichsarbeitsgericht sollten dagegen bei den Landgerichten und beim Reichsgericht errichtet werden und unter gemeinsamer Dienstaufsicht der Justiz- und der Sozialverwaltung stehen.

Ein diesen Grundzügen entsprechender Regierungsentwurf wurde am 6. Juni 1923 dem Vorläufigen Reichswirtschaftsrat zur Begutachtung und zugleich dem Reichsrat zur Zustimmung zu der Einbringung beim Reichstag vorgelegt — veröffentlicht im Reichsarbeitsblatt 1923 Nr. 12 S. 385 —. Der Reichsrat stellte die Beratung des Entwurfs bis zum Vorliegen des Gutachtens des Vorläufigen Reichswirtschaftsrats zurück. Im Vorläufigen Reichswirtschaftsrat begann der vom Sozialpolitischen Ausschuß gebildete Unterausschuß die Beratung des Entwurfs. Während dieser Beratung verlangte der Reichsminister der Finanzen mit Rücksicht auf die damalige außerordentlich gefahrdrohende Finanzlage des Reichs, der Länder und der Gemeinden die Zurückziehung des Entwurfs, weil seine Annahme einen Mehraufwand an Personal bedingen würde. Auf Grund dieses Ersuchens zog die Reichsregierung den Entwurf am 22. Oktober 1923 aus dem Vorläufigen Reichswirtschaftsrat und aus dem Reichsrat zurück. Sie beabsichtigte damit keineswegs, die allgemeine und einheitliche Regelung der Arbeitsgerichtsbarkeit überhaupt zu unterlassen, wollte vielmehr nur abwarten, bis sich die Finanzlage des Reichs und der Länder so weit gebessert hätte, daß der Verabschiedung des Entwurfs finanzielle Bedenken nicht mehr entgegenstünden.

Sobald die finanziellen Verhältnisse sich einigermaßen gefestigt hatten, wurde auch wiederum der Wunsch nach Vorlegung des Entwurfs eines Arbeitsgerichtsgesetzes von verschiedenen Seiten geäußert. Schon am 5. Juni 1924 stellten die Deutsche Volkspartei, die Deutschnationale Volkspartei und das Zentrum im Reichstag je einen Antrag auf Vorlage eines Entwurfs — Nr. 168, 176, 181 der Drucksachen (II. Wahlperiode 1924); zu diesen Anträgen trat am 19. Juli 1924 ein weiterer Antrag einzelner Mitglieder der Deutschnationalen Volkspartei — Nr. 341 der Drucksachen (II. Wahlperiode 1924). Die Reichsregierung beschloß, im Herbste des Jahres 1924 den Entwurf eines Arbeitsgerichtsgesetzes erneut den gesetzgebenden Körperschaften vorzulegen. Dieser Beschluß wurde nach dem Wechsel des Reichskabinetts von dem neuen Kabinett bei seinem Zusammentritt gebilligt und in der Regierungserklärung vom 19. Januar 1925 dem neuen Reichstag bekanntgegeben. Die Deutsche Volkspartei, die Deutschnationale Volkspartei und das Zentrum hatten ihre früheren Anträge unter dem 18. Dezember 1924 und dem 8. und 12. Januar 1925 — Nr. 18, 119, 264 der Drucksachen (III. Wahlperiode 1924/25) — wiederholt; ein neuer entsprechender Antrag war auch von der Deutschen Demokratischen Partei am 6. Januar 1925 — Nr. 85 der Drucksachen (III. Wahlperiode 1924/25) — gestellt worden. Diese Anträge wurden in der Vollsitzung des Reichstags am 15. Januar 1925 nach Besprechung dem Ausschuß für soziale Angelegenheiten überwiesen.

Die unveränderte Wiedervorlegung des im Herbste 1923 zurückgezogenen Entwurfs kam nicht in Betracht, weil inzwischen die Verordnungen über Gerichtsverfassung und Strafrechtspflege vom 4. Januar 1924 und über das Verfahren in bürgerlichen Rechtsstreitigkeiten vom 13. Februar 1924 (Reichsgesetzbl. I S. 15, 135) ergangen waren, die das Zivilprozeßverfahren, an das sich das arbeitsgerichtliche Verfahren der Arbeitsgerichte nach dem Entwurf anlehnen sollte, in wesentlichen Punkten verändert hatten, und weil durch die Verordnung über das Schlichtungswesen vom 30. Oktober 1923 so erhebliche Veränderungen in der Verteilung der Zuständigkeit zwischen Schlichtungsbehörden und Arbeitsgerichten eingetreten waren, daß auch in dieser Beziehung eine Umarbeitung des Entwurfs erforderlich wurde.

Der Regierungsentwurf des Jahres 1923 wurde deshalb umgearbeitet. Der Aufbau der Arbeitsgerichtsbarkeit blieb jedoch unverändert. Die Vorlage des neuen Entwurfs an die gesetzgebenden Körperschaften wurde von der Reichsregierung am 16. Juli 1925 beschlossen.

Am 18. Juli 1925 übersandte sie ihn gleichzeitig dem Vorläufigen Reichswirtschaftsrat zur Begutachtung und dem Reichsrat mit dem Ersuchen um Zustimmung zur Einbringung beim Reichstag. Der Sozialpolitische Ausschuß des Vorläufigen Reichswirtschaftsrats setzte zur Vorbereitung seines Gutachtens einen Arbeitsausschuß von fünfzehn Mitgliedern — je fünf aus jeder Abteilung — ein, der seine Arbeiten in einer Reihe von Sitzungen erledigte und ihr Ergebnis dem Sozialpolitischen Ausschuß übergab. Dieser beschäftigte sich mit dem Entwurf in zwei Lesungen am 3., 4. und 7. November 1925 und übersandte der Reichsregierung ein Mehrheits- und ein Minderheitsgutachten am 10. November 1925. Die Reichsregierung legte die Berichte und Beschlüsse des Vorläufigen Reichswirtschaftsrats am 20. November 1925 dem Reichsrat vor. Dieser überwies die Vorlage seinen Ausschüssen II und VII — für Volkswirtschaft und Rechtspflege —, die sie im Laufe des Monats Januar und am 1. und 2. Februar 1926 in zwei Lesungen berieten. Am 4. Februar 1926 nahm der Reichsrat in seiner Vollsitzung den Entwurf mit den von den Ausschüssen beschlossenen Änderungen mit Stimmenmehrheit an."

In der Sitzung des Reichstages vom 27. April 1926 wurde der Entwurf dem 9. Ausschuß (Sozialpolitik) überwiesen. Von diesem Ausschuß wurde er in den Sitzungen vom 7., 8., 9. Juni, 18., 22., 26., 27., 29. Oktober in erster Lesung und vom 23., 25. und 27. November 1926 in zweiter Lesung beraten. Die zweite und dritte Lesung im Plenum des Reichstages fand am 11. und 13. Dezember 1926[1]) statt. Berichterstatter war der deutschnationale Abgeordnete Dr. Rademacher.

---

[1]) Stenographischer Bericht S. 8429ff; als erste Lesung im Plenum gilt die Einbringung des Gesetzes in den Reichstag am 27. April 1926.

[2]) Reichstag III 24/26 Drucks. Nr. 2795.

Inzwischen war am 10. Dezember 1926 ein mündlicher Bericht vom 9. Ausschuß ausgegeben worden[3]), mit dem Bemerken, daß schriftlicher Bericht nachgeliefert wird. Dieser lag bei Drucklegung noch nicht vor.

Nach Zustimmung des Reichsrats wurde das Gesetz am 23. Dezember 1926 vom Reichspräsidenten vollzogen und am 28. Dezember 1926 im Reichsgesetzblatt (Nr. 68 S. 507 ff.) veröffentlicht.

Wesentlicher Inhalt des Arbeitsgerichtsgesetzes.

Das Arbeitsgerichtsgesetz zerfällt in fünf Teile:

1. Teil: Allgemeine Bestimmungen.
2. Teil: Aufbau der Arbeitsgerichtsbehörden.
3. Teil: Verfahren vor den Arbeitsgerichtsbehörden.
4. Teil: Vereinbarter Ausschluß der Arbeitsgerichtsbarkeit. Vereinbarte Vorverfahren.
5. Teil: Ausführungs- und Übergangsbestimmungen.

Die einzelnen Teile sind in Abschnitte und Unterabschnitte eingeteilt.

Erster Teil. **Allgemeine Bestimmungen.** § 1 bestimmt als Arbeitsgerichtsbehörden die Arbeitsgerichte (§§ 14—32), die Landesarbeitsgerichte (§§ 33—39) und das Reichsarbeitsgericht (§§ 40—45[1])). Die Arbeitsgerichte sind unter Ausschluß der ordentlichen Gerichte ohne Rücksicht auf den Wert des Streitgegenstandes für folgende bürgerliche Rechtsstreitigkeiten zuständig[2]):

---

[1]) Arbeitsgerichtsbehörden ist der Sammelbegriff für alle drei Instanzengerichte. Die Bezeichnung Behörden ist gewählt worden, weil ihnen später die gesamte Tätigkeit in Arbeitssachen übertragen werden soll (Bgr. B II 2). Unter arbeitsgerichtlichem Verfahren versteht man allgemein das Verfahren vor sämtlichen Arbeitsgerichtsbehörden. Arbeitsgerichte sind lediglich die Gerichte erster Instanz.

[2]) Hier ist nur die sachliche Zuständigkeit geregelt. Die örtliche Zuständigkeit bestimmt sich nach den §§ 12 ff. ZPO.

1. zwischen Tarifvertragsparteien oder zwischen diesen und dritten aus Tarifverträgen oder über das Bestehen oder Nichtbestehen von Tarifverträgen sowie zwischen tarifvertragsfähigen Parteien oder zwischen diesen und Dritten aus unerlaubten Handlungen, sofern es sich um Maßnahmen zu Zwecken des Arbeitskampfes oder um Fragen der Vereinigungsfreiheit handelt;
2. zwischen Arbeitgebern und Arbeitnehmern aus dem Arbeits- und Lehrverhältnis über das Bestehen oder Nichtbestehen eines Arbeits- oder Lehrvertrages aus den Verhandlungen über die Eingehung eines Arbeits- oder Lehrverhältnisses und aus dessen Nachwirkungen sowie aus unerlaubten Handlungen, soweit diese mit dem Arbeits- oder Lehrverhältnis im Zusammenhange stehen;
3. für bürgerliche Rechtsstreitigkeiten zwischen Arbeitnehmern aus gemeinsamer Arbeit und aus unerlaubten Handlungen, soweit diese mit dem Arbeits- oder Lehrverhältnis im Zusammenhang stehen;
4. für bürgerliche Rechtsstreitigkeiten zwischen Arbeitgebern und Arbeitnehmern aus den §§ 86, 87 des Betriebsrätegesetzes[1]);

Die für diese bürgerlichen Rechtsstreitigkeiten begründete Zuständigkeit besteht auch in den Fällen in denen der Rechtsstreit durch einen Rechtsnachfolger oder durch eine Person geführt wird, die kraft des Gesetzes an Stelle der ursprünglichen Partei hierzu befugt ist (§ 2 Abs. 2), z. B. durch Vater, Vormund Pfleger, Konkursverwalter. In Erweiterung dieser Zuständigkeit der Arbeitsgerichte können auch solche nicht unter die bisher aufgezählten fallende Klagen gegen Arbeitgeber oder Arbeitnehmer sowie von solchen gegen Dritte erhoben

---

[1]) Die §§ 86 und 87 BRG. sind im Gesetzestext hinter § 2 abgedruckt.

werden, wenn der Anspruch mit einer bei einem Arbeitsgericht anhängigen oder gleichzeitig anhängig werdenden bürgerlichen Rechtsstreitigkeit der oben aufgezählten Art in rechtlichem oder unmittelbarem wirtschaftlichen Zusammenhange steht und für seine Geltendmachung nicht eine ausschließliche Zuständigkeit gegeben ist (§ 3 Abs. 1). Ob und wann ein solcher Zusammenhang vorhanden ist, läßt sich nur von Fall zu Fall, jedenfalls nicht allgemein entscheiden. In allen bisher erwähnten Rechtsstreitigkeiten findet das später erörterte sog. Urteilsverfahren statt; (vgl. hierzu § 8 und §§ 46ff.).

Nicht zuständig sind die Arbeitsgerichte für Streitigkeiten, deren Gegenstand die Erfindung eines Arbeitnehmers bildet, soweit es sich nicht nur um Ansprüche auf eine Vergütung oder Entschädigung für die Erfindung handelt[1]), und ferner nicht Streitigkeiten der nach §481 des Handelsgesetzbuchs zur Schiffsbesatzung gehörenden Person. Diese beiden soeben von der Zuständigkeit der Arbeitsgerichte ausgenommenen Streitigkeiten können auch im Zusammenhange mit anderen Streitigkeiten nicht vor die Arbeitsgerichte gebracht werden (§ 3 Abs. 1). Die Zuständigkeit der Arbeitsgerichte ist danach gegenüber derjenigen der bisherigen Gewerbe- und Kaufmannsgerichte wesentlich erweitert. Während vor den letzteren lediglich Streitigkeiten aus einem bestehenden Dienst oder Lehrverhältnis, also aus dem Vertrage[2]), erhoben werden konnten, ist jetzt die Zuständigkeit unbeschränkt[3]) auch begründet für Ansprüche, die außerhalb des Vertrages auf Gesetz beruhen, z. B. aus § 62 HGB. und § 618 BGB. Weiter aber

---

[1]) Hiernach müßte also zunächst das ordentliche Gericht über den Gegenstand oder den Bestand der Erfindung selbst entscheiden.

[2]) Und auch hier nur für Arbeitnehmer bis zu einem Jahresarbeitsverdienst bis zu 5 000 Mark.

[3]) Unbeschränkt in bezug auf den Jahresarbeitsverdienst.

auch für Streitigkeiten vor Abschluß eines Dienst- oder Lehrverhältnisses über die Frage, ob ein solches überhaupt zustandegekommen ist, über Streitigkeiten aus der Zeit nach Beendigung des Dienst- oder Lehrverhältnisses, z. B. über Auskunftserteilung und deren Folgen sowie Konkurrenzvereinbarung und deren Folgen. Hinzugekommen ist weiter die Zuständigkeit über Rechtsstreitigkeiten aus dem obligatorischen Teil der Tarifverträge, und zwar zwischen allen Personen, die daran beteiligt sein können, so die Tarifparteien, Mitglieder derselben und Dritte unter sich und gegeneinander. Ferner über die Frage, ob ein Tarifvertrag besteht oder nicht. Und endlich für Rechtsstreitigkeiten aus unerlaubten Handlungen, mögen sie mit einem Arbeits- oder Lehr- oder Tarifverhältnisse im Zusammenhange stehen[1]).

Außer in diesen bürgerlichen Rechtsstreitigkeiten ist die Zuständigkeit der Arbeitsgerichte in weiteren folgenden Fällen des Betriebsrätegesetzes festgesetzt, die schon zur Zuständigkeit der bisherigen Gewerbe- und Kaufmannsgerichte als vorläufige Arbeitsgerichte gehörten:

für die Entscheidung über das Erlöschen der Mitgliedschaft in Betriebsvertretungen (§§ 39, 56 Abs. 2, § 60),

für die Entscheidung über die Auflösung von Betriebsvertretungen (§§ 41, 44, § 56 Abs. 2),

für die Berufung vorläufiger Betriebsvertretungen (§ 43 Abs. 2, § 44 Abs. 4, § 56 Abs. 2, § 60),

für die Entscheidung über Bildung und Auflösung gemeinsamer Betriebsvertretungen (§§ 52, 53),

für die Festsetzung von Strafen nach § 134 b GO. (§ 80 Abs. 2),

---

[1]) Durch die Festlegung des Begriffs „Arbeitnehmer" im § 5, welcher folgerichtiger seinen Platz an dieser Stelle haben müßte, wird die Zuständigkeit der Arbeitsgerichte noch wieder erweitert (vgl. hierüber S. 26 Anm. 2).

für die Entscheidung über das Vorliegen eines Verstoßes gegen vereinbarte Richtlinien über die Einstellung von Arbeitnehmern (§§ 82, 83),
für die Entscheidung von Streitigkeiten über die Errichtung, Zusammensetzung und Tätigkeit von Betriebsvertretungen und aus Wahlen zu ihnen (§ 93).
für die Ersetzung der Zustimmung von Betriebsvertretungen zur Kündigung oder Versetzung ihrer Mitglieder (§§ 97, 98).[1])

Diese Rechtsstreitigkeiten aus dem Betriebsrätegesetz, deren Behandlung man als eine Art freiwilliger Gerichtsbarkeit ansehen kann, finden im sog. Beschlußverfahren statt (vgl. hierzu § 8 und §§ 80ff.).

Arbeitnehmer im Sinne des vorliegenden Gesetzes sind Arbeiter und Angestellte einschließlich der Lehrlinge. Den Arbeitnehmern stehen Personen gleich, die ohne in einem Arbeitsvertragsverhältnis zu stehen, im Auftrage und für Rechnung bestimmter anderer Personen Arbeit leisten (Hausgewerbetreibende und sonstige arbeitnehmerähnliche Personen[2])), und zwar auch dann, wenn sie die Roh- oder

[1]) Die in den vorhergehenden acht Absätzen in Klammern erwähnten Zahlen bedeuten die §§ des Betriebsrätegesetzes. Sie sind im Gesetzestext hinter § 2 abgedruckt. Ebenso § 134b GO.

[2]) Die amtliche Begründung gibt keine Erklärung für den Begriff: „arbeitnehmerähnliche Personen". Man muß hierunter solche Personen oder Personenmehrheiten verstehen, die wie ein Arbeitnehmer zu bewerten sind, d. h. die gegen Entgelt etwas leisten, wenn auch nur im Einzelfall, ohne in einem Arbeitsvertragsverhältnis zu stehen. Entsprechend dieser allgemeinen Fassung des Gesetzes ist die Zuständigkeit der Arbeitsgerichte heute noch nicht fest zu umgrenzen. Das Gesetz macht keinen Unterschied zwischen handwerksmäßigen, höheren, künstlerischen oder wissenschaftlichen Leistungen, so daß unter Arbeit jede dieser Leistungen zu verstehen ist. Es würde also das Arbeitsgericht für Ansprüche aus jeder Arbeit zuständig sein, die in einem, wenn auch einmaligen Auftrage für Rechnung

Hilfsstoffe selbst beschaffen; arbeitnehmerähnliche Personen sind im Verhältnis zu ihren Auftraggebern auch Zwischenmeister, die den überwiegenden Teil ihres Verdienstes aus ihrer eigenen Arbeit am Stück erhalten (§ 5). Keine Arbeitnehmer sind gesetzliche Vertreter von juristischen Personen und von Personengesamtheiten des öffentlichen und privaten Rechtes, ferner Personen in ihrer Eigenschaft als öffentliche Beamte sowie als Angehörige des Reichsheeres und der Reichsmarine. Auf Grund einer Vereinbarung können aber auch bürgerliche Rechtsstreitigkeiten zwischen juristischen Personen des privaten Rechts und ihren gesetzlichen Vertretern vor die Arbeitsgerichte gebracht werden (§ 3 Abs. 2). Wenn auch die Zuständigkeit der Arbeitsgerichte, wie oben gesagt, eine ausschließliche ist, so bezieht dies sich nur auf ihr Verhältnis zu den ordentlichen Gerichten, sie kann durch Schiedsvertrag und Vereinbarung gemäß der §§ 91—107 dieses Gesetzes ganz oder teilweise ausgeschlossen werden (§ 4).

Die Arbeitsgerichtsbehörden werden mit rechtsgelehrten Richtern[1]) und mit Beisitzern aus den Kreisen der Arbeitgeber und der Arbeitnehmer besetzt. Die Beisitzer aus beiden Kreisen führen bei den Arbeitsgerichten die Amtsbezeichnung „Arbeitsrichter", bei den Landesarbeitsgerichten die Amtsbezeichnung „Landesarbeitsrichter" und bei dem Reichsarbeitsgericht die Amtsbezeichnung „Reichsarbeitsrichter" (§ 6). Die Kosten der Arbeitsgerichte und der Landesarbeitsgerichte trägt das Land, das sie errichtet, die Kosten des Reichsarbeitsgerichts trägt das Reich (§ 7). In den

---

einer anderen Person geleistet wird. Hiernach würden auch ev. Agenten, Makler, Kommissionäre, Ärzte, Rechtsanwälte, Syndici, Architekten, Ingenieure u. a., ja sogar ganze Personengesamtheiten, die für andere gegen Entgelt arbeiten, bei Streitigkeiten aus diesen Verhältnissen die Arbeitsgerichte anrufen müssen.

[1]) Die die Fähigkeit zum Richteramt erlangt haben. § 2 GVG.

bürgerlichen Rechtsstreitigkeiten einschließlich derjenigen der erweiterten Zuständigkeit des § 3 findet ein Urteilsverfahren (§§ 46—79), in den übrigen Fällen von Streitigkeiten auf Grund des Betriebsrätegesetzes ein Beschlußverfahren (§§ 80—90) statt[1]. Alle Streitigkeiten müssen zunächst vor die Arbeitsgerichte, als den ersten Rechtszug (Instanz), gebracht werden. Gegen die Urteile der Arbeitsgerichte im Urteilsverfahren findet die Berufung an die Landesarbeitsgerichte statt, wenn der Wert des Streitgegenstandes den Betrag von dreihundert Reichsmark übersteigt, oder wenn das Arbeitsgericht die Berufung wegen der grundsätzlichen Bedeutung des Rechtsstreits (vgl. § 64 Abs. 1) zugelassen hat[2]. In denselben Rechtsstreitigkeiten findet gegen die Urteile der Landesarbeitsgerichte die Revision an das Reichsarbeitsgericht statt, wenn der Wert des Streitgegenstandes die jeweils in der ordentlichen bürgerlichen Gerichtsbarkeit geltende Revisionsgrenze[3] übersteigt oder wenn das Landesarbeitsgericht die Revision wegen der grundsätzlichen Bedeutung des Rechtsstreits (vgl. § 72 Abs. 1) zugelassen hat[2]. Die unmittelbare Einlegung der Revision unter Umgehung des Berufungsrechtszuges (sog. Sprungrevision) ist in den im § 76 bezeichneten Fällen zulässig.

Im Beschlußverfahren findet gegen die das Verfahren beendenden Beschlüsse der Arbeitsgerichte die Rechtsbeschwerde statt, wenn der Beschluß auf einer Gesetzesverletzung beruht. Für die Entscheidung über die Rechts-

---

[1] D. h. das Urteilsverfahren endet mit einem Urteil, das Beschlußverfahren mit einem Beschluß. (Siehe hierüber weiter unten E. bei §§ 46 ff. und §§ 80 ff.).

[2] Hierüber wird ohne Antrag der Parteien vom Gericht nach freiem Ermessen entschieden. Es bleibt aber den Parteien unbenommen, diesbezüglich Anträge zu stellen.

[3] Zurzeit 4 000 Mark. (vgl. § 546 CPO. und VO. v. 21. Dezember 1925 RGBl. I S. 476).

beschwerde sind die Landesarbeitsgerichte oder das Reichsarbeitsgericht zuständig (§§ 8 und 85 Abs. 1).

Die Vorschriften des Gerichtsverfassungsgesetzes über Zustellungs- und Vollstreckungsbeamte, über die Gerichtssprache, über die Aufrechterhaltung der Ordnung in der Sitzung und über die Beratung und Abstimmung gelten für das gesamte arbeitsgerichtliche Verfahren entsprechend. Die Gebührenordnung für Zeugen und Sachverständige und die Gebührenordnung für Gerichtsvollzieher finden im arbeitsgerichtlichen Verfahren ebenfalls Anwendung mit der Maßgabe, daß Gebührenvorschüsse von den Gerichtsvollziehern nicht erhoben werden dürfen (§ 9).

Parteifähig[1]) im arbeitsgerichtlichen Verfahren sind neben den gemäß der Zivilprozeßordnung die Parteifähigkeit besitzenden Personen[2]) auch wirtschaftliche Vereinigungen von Arbeitgebern und von Arbeitnehmern und in den Fällen des Betriebsrätegesetzes auch die Betriebsvertretungen im Sinne des Betriebsrätegesetzes[3]) (§ 10). Als Prozeßbevollmächtigte oder Beistände sind vor den Arbeitsgerichten Rechtsanwälte und Personen, die das Verhandeln vor Gericht geschäftsmäßig betreiben, ausgeschlossen. Zugelassen sind sonst alle großjährigen Personen, jedoch Mitglieder und Angestellte wirtschaftlicher Vereinigungen von Arbeitgebern oder von Arbeitnehmern oder von Verbänden solcher Vereinigungen, die kraft Satzung oder Vollmacht zur Vertretung befugt sind, nur soweit sie für die Vereinigung oder für Mitglieder der Ver-

[1]) Parteifähig ist, wer klagen und verklagt werden kann.

[2]) §§ 50ff. ZPO.

[3]) Das Wort „Betriebsvertretung" ist ein Sammelbegriff und als solcher im Gesetz nicht erläutert. Darunter ist zu verstehen: Der Betriebsrat (Arbeiter- und Angestelltenrat) (§§ 15 bis 49 BRG.); der Gesamtbetriebsrat (§§ 50—57 BRG.); der Betriebsobmann (§§ 56—60 BRG.) und die Sondervertretungen (§§ 61—65 BRG.).

einigung auftreten und nicht neben dieser Vertretung die Tätigkeit als Rechtsanwalt ausüben oder, ohne Rechtsanwälte zu sein, das Verhandeln vor Gericht gewerbsmäßig gegen Entgelt betreiben. Es wird sich daher für nicht organisierte Parteien, die nicht am Sitze des Gerichts wohnen oder aus anderen Gründen nicht vor Gericht erscheinen können, empfehlen, beizeiten einen geeigneten Prozeßvertreter zu bestellen oder das Armenrecht bei Einreichung der Klage zu beantragen. Vor den Landesarbeitsgerichten und vor dem Reichsarbeitsgericht müssen die Parteien sich durch Rechtsanwälte als Prozeßbevollmächtigte vertreten lassen; zur Vertretung berechtigt ist jeder bei einem deutschen Gericht zugelassene Anwalt. An ihre Stelle können vor den Landesarbeitsgerichten Mitglieder und Angestellte wirtschaftlicher Vereinigungen und von Verbänden solcher Vereinigungen treten, die kraft Satzung oder Vollmacht zur Vertretung befugt sind, sofern die Vereinigung, der Verband oder Mitglieder der Vereinigung Partei sind (§ 11). Vor dem Reichsgericht können hiernach nur Rechtsanwälte auftreten, allerdings auch hier jeder bei einem Deutschen Gericht zugelassenen Anwalt.

Im Verfahren vor den Arbeitsgerichten wird eine einmalige Gebühr nach dem Werte des Streitgegenstandes erhoben. Sie beträgt bei einem Streitwert

bis zu zwanzig Reichsmark einschließlich eine Reichsmark,

von mehr als zwanzig Reichsmark bis zu sechzig Reichsmark einschließlich zwei Reichsmark,

von mehr als sechzig Reichsmark bis zu einhundert Reichsmark einschließlich drei Reichsmark

und von da ab für jede angefangene hundert Reichsmark je drei Reichsmark bis zu höchstens fünfhundert Reichsmark. Schreibgebühren kommen nicht in Ansatz. Wird der Rechtsstreit im ersten oder in einem höheren Rechtszuge durch einen vor dem Gericht abgeschlossenen oder dem Gericht mitgeteilten Vergleich beendet, so werden in diesem Rechtszuge keine Gebühren erhoben, auch wenn eine streitige Verhandlung vorausgegangen war. Wird der Rechtsstreit durch Versäumnisurteil oder auf Grund eines Anerkenntnisses oder einer Zurücknahme der Klage beendet und hat keine streitige Verhandlung stattgefunden, so wird in diesem Rechtszuge nur die Hälfte der sonst fälligen Gebühren erhoben; bei Beendigung des Rechtsstreits nur im ersten Rechtszuge auf Grund eines Anerkenntnisses oder einer Zurücknahme der Klage ohne streitige Verhandlung werden keine Gebühren erhoben. Gebühren und Auslagen werden erst fällig, wenn das Verfahren in dem Rechtszuge beendet oder das Ruhen des Verfahrens angeordnet ist. Kostenvorschüsse werden niemals erhoben, auch nicht für die Zwangsvollstreckung. In den nichtbürgerlichen Streitigkeiten im Sinne des § 2 Nr. 5[1]) werden auch nicht einmal Gebühren und Auslagen erhoben. Vergleiche in einem anhängigen Rechtsstreit sind stempelfrei. Im übrigen gelten für die Gebühren und Auslagen im arbeitsgerichtlichen Verfahren die Vorschriften des Gerichtskostengesetzes entsprechend (§ 12). Die Arbeitsgerichte haben anderen Arbeitsgerichtsbehörden Rechtshilfe zu leisten, die Amtsgerichte nur, sofern sich am Sitze des Amtsgerichts kein Arbeitsgericht befindet. Die Vorschriften des Gerichtsverfassungsgesetzes[2]) über Rechtshilfe finden entsprechende Anwendung (§ 13).

Im Interesse der Beschleunigung des Verfahrens finden Gerichtsferien nicht statt (§ 9 Abs. 3).

Zweiter Teil: **Aufbau der Arbeitsgerichtsbehörden.** Die Arbeitsgerichte werden als selbständige Gerichte durch die Landesjustizverwaltung im Einvernehmen mit

---

[1]) Streitfälle aus dem Betriebsrätegesetz im Beschlußverfahren. (Vgl. § 2 und die dahinter abgedruckten §§ des BRG.)

[2]) GVG. §§ 156 ff. Die Rechtshilfe übt der Vorsitzende allein aus, nicht etwa die Kammer des Arbeitsgerichts.

der obersten Landesbehörde für die Sozialverwaltung[1]) und nach Anhörung der wirtschaftlichen Vereinigungen der Arbeutgeber und Arbeitnehmer regelmäßig für den Bezirk eines Amtsgerichts errichtet. Zugelassen ist auch die Errichtung für den Bezirk mehrerer Amtsbezirke eines Landes oder für Teile eines Amtsgerichtsbezirkes oder mehrerer Amtsgerichtsbezirke eines Landes, für die Gebiete mehrerer Länder oder Teile von ihnen, insbesondere für ein einheitliches Wirtschaftsgebiet. In letzterem Falle erfolgt die Errichtung durch die oben bezeichneten obersten Behörden der beteiligten Länder. Bei der Errichtung der Arbeitsgerichte ist auf die Wirkungsbereiche der bisherigen Gewerbe- oder Kaufmannsgerichte nach Möglichkeit Rücksicht zu nehmen (§ 14). Die Geschäfte der Verwaltung und Dienstaufsicht führt die Landesjustizverwaltung im Einvernehmen mit der obersten Landesbehörde für die Sozialverwaltung. Vor Erlaß allgemeiner Anordnungen nach dieser Richtung hin, soweit sie nicht rein technischer Art sind, sind die wirtschaftlichen Vereinigungen der Arbeitgeber und Arbeitnehmer zu hören. Der Erlaß solcher Anordnungen kann auch nachgeordneten Dienststellen, insbesondere dem Vorsitzenden des Arbeitsgerichts, übertragen werden (§ 15). Das Arbeitsgericht besteht aus der erforderlichen Anzahl von Vorsitzenden und deren Stellvertretern und von Beisitzern. Die Beisitzer werden je zur Hälfte aus den Kreisen der Arbeitgeber und der Arbeitnehmer entnommen. Jede Kammer des Arbeitsgerichts wird in der Besetzung mit einem Vorsitzenden und je einem Beisitzer der Arbeitgeber und Arbeitnehmer tätig. In den Fällen des § 2 Nr. 1 (Bürgerliche Rechtsstreitigkeiten in Tarifangelegenheiten) wird jede Kammer in der Besetzung mit einem Vorsitzenden und je zwei Beisitzern der Arbeitgeber und der Arbeitnehmer tätig (§ 16). Die Zahl der

[1]) Die in den einzelnen Ländern noch zu bestimmen sind.

Kammern bestimmt die Landesjustizverwaltung im Einvernehmen mit der obersten Landesbehörde für die Sozialverwaltung. Für Streitigkeiten der Arbeiter und für Streitigkeiten der Angestellten werden getrennte Kammern gebildet. Soweit beide Arbeitnehmergruppen beteiligt sind, entscheidet für die Zuständigkeit der Kammern die überwiegende Beteiligung. Soweit ein Bedürfnis besteht, können Fachkammern für die Streitigkeiten bestimmter Berufe und Gewerbe und bestimmter Gruppen von Arbeitern oder Angestellten gebildet werden. Für die Streitigkeiten des Handwerks müssen Fachkammern (Handwerksgerichte) errichtet werden. Die Errichtung und Bildung aller dieser Kammern, welche durch die Landesjustizverwaltung im Einvernehmen mit der obersten Landesbehörde für die Sozialverwaltung geschieht, hat stets erst nach Anhörung der wirtschaftlichen Vereinigungen der Arbeitgeber und Arbeitnehmer zu erfolgen (§ 17). Die Vorsitzenden und ihre Stellvertreter bestellt die Landesjustizverwaltung im Einvernehmen mit der obersten Landesbehörde für die Sozialverwaltung. Sie sind in der Regel[1]) ordentliche Richter. Auch sollen nur Personen bestellt werden, die auf arbeitsrechtlichem und sozialem Gebiet Kenntnisse und Erfahrungen haben, und solche Personen bevorzugt werden, welche als Vorsitzende oder als Schlichter oder deren Stellvertreter tätig gewesen sind. Andere Personen dürfen nur bestellt werden, wenn sie nach ihrer Stellung im Erwerbsleben weder als Arbeitgeber noch als Arbeitnehmer anzusehen sind. Für alle Vorsitzenden und Stellvertreter gilt aber grundsätzlich, daß sie die Befähigung zum Richteramt besitzen. Die Vorsitzenden und ihre Stellvertreter werden auf mindestens ein Jahr und höchstens auf neun Jahre bestellt; eine wiederholte Bestellung ist

[1]) nicht „regelmäßig", wie der Regierungsentwurf es vorsah.

zulässig. Nach mindestens dreijähriger Amtsdauer können hauptamtliche Vorsitzende auf Lebenszeit bestellt werden. Die gesetzlich festgelegten Altersgrenzen bezüglich der Richter gelten auch für die Vorsitzenden der Arbeitsgerichte. Sie sind vor ihrem Amtsantritt durch den Präsidenten des Landgerichts auf die Erfüllung der Obliegenheiten ihres Amts eidlich zu verpflichten, falls sie nicht bereits als Beamte vereidigt sind. Zeitweilige Wahrnehmung richterlicher Aufgaben richten sich nach den landesgesetzlichen Vorschriften. Eine solche Tätigkeit soll jedoch den Zeitraum von sechs Wochen nicht überschreiten (§ 18). Die Vorsitzenden und ihre Stellvertreter haben die Rechte und Pflichten richterlicher Beamter der Länder, ev. bei zeitlicher Bestellung für die Dauer ihres Amtes. Die Vorschriften der §§ 8 und 9 GVG.[1]), für die hauptamtlichen Vorsitzenden auch die Vorschriften des § 7 GVG.[2]), gelten entsprechend. Die Vergütung der nebenamtlichen Vorsitzenden und stellvertretenden Vorsitzenden bestimmen die Landesregierung. Auf Lebenszeit angestellte Beamte des Reichs und der Länder, die auf Zeit zu hauptamtlichen Vorsitzenden bestellt werden, sind nach Ablauf dieser Zeit in eine ihrer früheren dienstlichen Stellung gleichwertige Stellung wieder zu übernehmen. Die Amtsdauer als Vorsitzender ist ihnen als Dienst im Reiche oder im Lande anzurechnen (§ 19). Die Beisitzer werden von der höheren Verwaltungsbehörde im Einvernehmen mit dem Präsidenten des Landgerichts berufen[3]). Sie sind in angemessenem Verhältnis unter

---

[1]) § 8 GVG. handelt von der Versetzbarkeit der Richter, § 9 von der Geltendmachung vermögensrechtlicher Ansprüche der Richter.

[2]) § 7 GVG.: Die Richter beziehen in ihrer Eigenschaft als Richter ein festes Gehalt mit Ausschluß von Gebühren.

[3]) Die Bestellung der Beisitzer geschieht also nicht mehr wie bei den bisherigen Gewerbe- und Kaufmannsgerichten mittels Wahl der Arbeitgeber und Arbeitnehmer.

billiger Berücksichtigung der Minderheiten aus den Vorschlagslisten zu entnehmen, die von den in dem Gerichtsbezirke bestehenden wirtschaftlichen Vereinigungen der Arbeitgeber und der Arbeitnehmer und von den im § 22 Abs. 2 Nr. 2 bezeichneten Körperschaften[1]) eingereicht werden. Für die Beisitzer der Arbeiter und der Angestellten sind grundsätzlich getrennte Vorschläge einzuholen, wenn nicht die Bildung getrennter Kammern gemäß § 17 Abs. 2 unterbleibt. Sie sind vor ihrer Dienstleistung durch den Vorsitzenden auf die Erfüllung der Obliegenheiten ihres Amtes eidlich zu verpflichten (§ 20). Als Beisitzer sind Männer und Frauen zu berufen, die deutsche Reichsangehörige sind und das 25. Lebensjahr vollendet haben.[2]) Sie sollen seit mindestens einem Jahre als Arbeitgeber oder Arbeitnehmer in dem Bezirke des Arbeitsgerichts tätig sein. Unfähig zu dem Amte eines Beisitzers sind Personen, denen die bürgerlichen Ehrenrechte oder die Fähigkeit zur Bekleidung öffentlicher Ämter aberkannt sind oder gegen die das Hauptverfahren wegen eines Verbrechens oder Vergehens eröffnet ist, das die Aberkennung zur Folge haben kann, und Personen, die infolge gerichtlicher Anordnung in der Verfügung über ihr Vermögen beschränkt sind. Beamte und Angestellte einer Arbeitsgerichtsbehörde dürfen nicht als Beisitzer berufen werden. Niemand darf zugleich Arbeitgeber- und Arbeitnehmerbeisitzer sein. Wird das Fehlen einer Voraussetzung einer Berufung nachträglich bekannt oder fällt eine Voraussetzung nachträglich fort, so enthebt der Präsident des Landgerichts den Beisitzer seines Amtes. Vor der Entscheidung ist der Beisitzer zu hören. Die Entscheidung ist endgültig (§ 21). Arbeitgeber-

---

[1]) Reichs- oder Landes- und Gemeindebehörden.

[2]) Diese Altersgrenze ist lediglich für Beisitzer vor den Arbeitsgerichten vorgesehen. Vgl. dazu §§ 37 und 43 bzgl. der Beisitzer der Landesarbeitsgerichte und des Reichsarbeitsgerichts.

beisitzer kann auch sein, wer vorübergehend oder regelmäßig zu gewissen Zeiten des Jahres keine Arbeitnehmer beschäftigt. Für Arbeitgeber, die keine Einzelpersonen sind, können als Beisitzer berufen werden:

1. bei juristischen Personen und Personengesamtheiten des privaten Rechtes die gesetzlichen Vertreter und die Aufsichtsratsmitglieder mit Ausnahme der vom Betriebsrat entsandten;
2. bei dem Reiche, den Ländern, den Gemeinden, den Gemeindeverbänden und anderen Körperschaften des öffentlichen Rechtes öffentliche Beamte nach näherer Anordnung der zuständigen obersten Reichs- oder Landesbehörde.

Den Arbeitgebern stehen für die Berufung zum Beisitzer gleich:

1. Geschäftsführer und Betriebsleiter, soweit sie selbständig zur Einstellung von Arbeitnehmern in den Betrieb berechtigt sind oder soweit ihnen Prokura oder Generalvollmacht erteilt ist;
2. Mitglieder und Angestellte wirtschaftlicher Vereinigungen von Arbeitgebern oder von Verbänden solcher Vereinigungen, die kraft Satzung oder Vollmacht zur Vertretung befugt sind (§ 22).

Den Arbeitern stehen für die Berufung zum Beisitzer Mitglieder und Angestellte wirtschaftlicher Vereinigungen von Arbeitern oder von Verbänden solcher Vereinigungen gleich, die kraft Satzung oder Vollmacht zur Vertretung befugt sind; den Angestellten stehen Mitglieder und Angestellte wirtschaftlicher Vereinigungen von Angestellten oder von Verbänden solcher Vereinigungen gleich, die kraft Satzung oder Vollmacht zur Vertretung befugt sind. Arbeitnehmerbeisitzer kann auch sein, wer erwerbslos ist. (§ 23).

Die Übernahme des Beisitzeramts kann ablehnen:

1. wer das fünfundsechzigste Lebensjahr vollendet hat;

2. wer durch Krankheit oder Gebrechen verhindert ist, das Amt ordnungsmäßig zu führen;
3. wer durch andere ehrenamtliche Tätigkeit für die Allgemeinheit so in Anspruch genommen ist, daß ihm die Übernahme des Amtes nicht zugemutet werden kann;
4. wer in den sechs der Berufung vorhergehenden Jahren als Beisitzer einer Arbeitsgerichtsbehörde tätig gewesen ist;
5. Frauen, die glaubhaft machen, daß ihnen für Fürsorge für ihre Familie die Ausübung des Amtes in besonderem Maße erschwert.

Über die Berechtigung zur Ablehnung entscheidet die höhere Verwaltungsbehörde im Einvernehmen mit dem Präsidenten des Landgerichts endgültig (§ 24). Das Amt des Beisitzers ist ein Ehrenamt[1]). Die Beisitzer erhalten eine angemessene Entschädigung für den ihnen aus der Wahrnehmung des Besitzeramts erwachsenden Verdienstausfall und Aufwand sowie Ersatz der Fahrkosten. Die nähere Regelung trifft der Reichsarbeitsminister im Einvernehmen mit dem Reichsminister der Justiz nach Anhörung der wirtschaftlichen Vereinigungen der Arbeitgeber und der Arbeitnehmer. Die Entschädigung und die erstattungsfähigen Fahrkosten setzt der Vorsitzende des Arbeitsgerichts endgültig fest[2]) (§ 25). Den Arbeitgebern und ihren Angestellten ist es untersagt, ihre Angestellten oder Arbeiter in der Übernahme und Ausübung des Beisitzeramts zu beschränken oder sie wegen der Übernahme und Ausübung des Amtes zu benachteiligen. Arbeitgeber, die

---

[1]) D. h. eine Besoldung ist ausgeschlossen. Als solche gilt auch nicht die ihnen gewährte Entschädigung. Sie sind, solange sie im Dienst sind, Richter, aber nicht zugleich Beamte. Ihre Verbrechen im Amte sind strafbar z. B. nach § 334 StGB. (vgl. § 108).

[2]) Die Höhe der Entschädigungen werden noch durch Ausführungsbestimmungen geregelt werden.

den Vorschriften des Abs. 1 vorsätzlich zuwiderhandeln, werden mit Geldstrafe bestraft (§ 26). Wenn ein Beisitzer seine Amtspflicht grob verletzt, so ist er seines Amtes zu entheben. Für die Entscheidung ist eine Kammer zuständig, die aus dem Präsidenten des Landgerichts und je zwei Beisitzern der Arbeitgeber und der Arbeitnehmer des Landesarbeitsgerichts besteht. Vor der Entscheidung ist der Beisitzer und der Vorsitzende des Arbeitsgerichts zu hören. Die Entscheidung ist endgültig (§ 27). Beisitzer, die ohne genügende Entschuldigung nicht oder nicht rechtzeitig zu den Sitzungen erscheinen oder sich ihren Obliegenheiten in anderer Weise entziehen, können vom Vorsitzenden mit einer Ordnungsstrafe in Geld bestraft werden. Bei nachträglicher genügender Entschuldigung ist die Strafe aufzuheben oder zu ermäßigen. Gegen den eine Bestrafung aussprechenden Beschluß ist Beschwerde zulässig[1]) (§ 28). Bei jedem Arbeitsgerichte mit mehr als einer Kammer ist ein Besitzerausschuß zu bilden, welcher aus mindestens je drei Beisitzern der Arbeitgeber und der Arbeitnehmer in gleicher Zahl, die von den Beisitzern der Arbeitgeber und der Arbeitnehmer in getrennter Wahl gewählt werden. Er ist vor der Bildung von Kammern, vor der Geschäftsverteilung, vor der Verteilung der Beisitzer auf die Kammern und vor der Aufstellung der Listen über die Heranziehung der Beisitzer zu den Sitzungen zu hören. Er kann auch im übrigen den Vorsitzenden des Arbeitsgerichts und den die Verwaltung und Dienstaufsicht führenden Behörden Wünsche der Beisitzer übermitteln. Er tagt unter der Leitung des aufsichtsführenden oder dienstältesten Vorsitzenden (§ 29). Vor Beginn des Geschäftsjahrs werden durch den Vorsitzenden, bei Vorhandensein mehrerer Vorsitzenden durch diese, die Geschäfte auf die einzelnen Kammern verteilt;

---

[1]) Über das Beschwerdeverfahren vgl. § 78. Eine weitere Beschwerde findet danach nicht statt.

einigen sich die Vorsitzenden nicht, so entscheidet der Präsident des Landgerichts. In gleicher Weise erfolgt die Verteilung der Vorsitzenden, ihrer Stellvertreter und der Beisitzer auf die einzelnen Kammern. Alle diese Personen können auch mehreren Kammern angehören. Die Beisitzer einer Fachkammer sollen nach Möglichkeit den Beisitzern aus den Kreisen der Berufe, Gewerbe oder Gruppen entnommen werden, für die die Fachkammer gebildet ist. Werden für die Streitigkeiten der im § 22 Abs. 3 bezeichneten Angestellten[1]) Fachkammern gebildet, so dürfen ihnen solche Angestellten nicht als Arbeitgeberbeisitzer angehören (§ 30). Die Beisitzer sollen zu den Sitzungen nach der Reihenfolge einer Liste herangezogen werden, die der Vorsitzende vor Beginn des Geschäftsjahrs gemäß § 29 Abs. 2 aufstellt (§ 31). Bei jedem Arbeitsgericht besteht eine Geschäftsstelle, deren Einrichtung die Landesjustizverwaltung im Einvernehmen mit der obersten Landesbehörde für die Sozialverwaltung bestimmt (§ 32[2])).

Die Landesarbeitsgerichte werden durch die Landesjustizverwaltung im Einvernehmen mit der obersten Landesbehörde für die Sozialverwaltung bei den Landgerichten nach Anhörung der wirtschaftlichen Vereinigungen der Arbeitgeber und Arbeitnehmer errichtet. Die Vorschriften des § 14 Abs. 2[3]) finden entsprechende Anwendung. Das Landesarbeitsgericht kann seinen Sitz auch an einem anderen Orte seines Bezirkes haben als das Landgericht,

---

[1]) Das sind den Arbeitgebern gleichstehende Vertreter, sowie Mitglieder und Angestellte von Arbeitgeberverbänden.

[2]) Welche Tätigkeit der Geschäftsstelle zufällt, bestimmt das Gesetz nicht. Hierüber insbesondere, ob sie die Aufgaben der Gerichtsschreiberei zu erfüllen hat, werden wahrscheinlich die Ausführungsbestimmungen festsetzen (vgl. hierzu Bgr. zu § 31).

[3]) Danach können Landesarbeitsgerichte auch für größere Bezirke als die Landgerichtsbezirke errichtet werden.

bei dem es errichtet ist (§ 33). Verwaltung und Dienstaufsicht regelt sich entsprechend den Vorschriften des § 15 Abs. 1 S. 2 wie diejenige bei den Arbeitsgerichten (§ 34). Das Landesarbeitsgericht besteht aus der erforderlichen Anzahl von Vorsitzenden und stellvertretenden Vorsitzenden und von Beisitzern. Die Beisitzer werden je zur Hälfte aus den Kreisen der Arbeitgeber und der Arbeitnehmer entnommen. Jede Kammer des Landesarbeitsgerichts wird wie beim Amtsgericht in der Besetzung mit einem Vorsitzenden und je einem Beisitzer der Arbeitgeber und der Arbeitnehmer tätig. In den Fällen des § 2 Nr. 1 wird jede Kammer in der Besetzung mit einem Vorsitzenden und je zwei Beisitzern der Arbeitgeber und der Arbeitnehmer tätig. Im übrigen stehen die Kammern des Landesarbeitsgerichts den Zivilkammern des Landgerichts im Sinne des Gerichtsverfassungsgesetzes[1]) gleich. Die Zahl der Kammern bestimmt die Landesjustizverwaltung im Einvernehmen mit der obersten Landesbehörde für die Sozialverwaltung (§ 35). Die Vorsitzenden und ihre Stellvertreter beruft die Landesjustizverwaltung im Einvernehmen mit der obersten Landesbehörde für die Sozialverwaltung aus den Direktoren und den ständigen Mitgliedern des Landgerichts. Befindet sich am Sitze des Landesarbeitsgerichts ein Oberlandesgericht, so kann auch ein Oberlandesgerichtsrat berufen werden. Die Berufung erfolgt für die Dauer der Zugehörigkeit zum Landgericht oder Oberlandesgericht. Sie kann nur mit Zustimmung des Berufenen widerrufen werden. Zu Vorsitzenden und stellvertretenden Vorsitzenden sollen nur Richter berufen werden, die auf arbeitsrechtlichem und sozialem Gebiete Kenntnisse und Erfahrungen besitzen. Nur wenn beim Landgericht oder Oberlandesgericht solche nicht vorhanden sind, so sind geeignete Personen, die die Befähigung zum

---

[1]) § 60 GVG.

Richteramt haben, einzuberufen[1]) (§ 36). Die Beisitzer beim Landesarbeitsgericht müssen das dreißigste Lebensjahr[2]) vollendet haben und sollen mindestens drei Jahre Beisitzer einer Arbeitsgerichtsbehörde gewesen sein[3]). Im übrigen gelten für die Berufung und Stellung der Beisitzer und für die Amtsenthebung die Vorschriften des § 20 Abs. 1 und 3 und der §§ 21 bis 28 bei den Arbeitsgerichten entsprechend (§ 37). Bei jedem Landesarbeitsgericht wird ein Beisitzerausschuß gebildet. Die Vorschriften des § 29 Abs. 1 Satz 2 und 3 und Abs. 2 über die Bildung und die Befugnisse von Beisitzerausschüssen geltend entsprechend (§ 38). Vor Beginn des Geschäftsjahres verteilt das Präsidium des Landgerichts unter stimmberechtigter Mitwirkung der Vorsitzenden des Landesarbeitsgerichts die Geschäfte auf die einzelnen Kammern des Landesarbeitsgerichts. In gleicher Weise erfolgt die Verteilung der Vorsitzenden, der stellvertretenden Vorsitzenden und der Beisitzer auf die einzelnen Kammern[4]). Die Vorsitzenden und die Beisitzer können mehreren Kammern angehören. Die Beisitzer sollen zu den Sitzungen nach der Reihenfolge einer Liste herangezogen werden, die der Vorsitzende vor Beginn des Geschäftsjahres gemäß § 38 Satz 2 aufstellt (§ 39).

Das Reichsarbeitsgericht wird bei dem Reichsgericht errichtet (§ 40). Es besteht aus der erforderlichen Zahl von Senatspräsidenten beim Reichsgericht als Vorsitzenden, von Senatspräsidenten oder Reichsgerichtsräten als stellvertretenden Vorsitzenden, von Reichsgerichtsräten

---

[1]) Die Vorsitzenden beim Landesarbeitsgericht sind also im allgemeinen regelmäßig ordentliche Richter.

[2]) Vgl. §§ 21 und 43.

[3]) Bei der ersten Berufung fällt diese Vorschrift fort (§ 120).

[4]) Hiernach können Vorsitzende und Beisitzer auch gegen ihren Willen in jedem Geschäftsjahr einer anderen Kammer überwiesen werden.

als richterlichen Beisitzern[1]) und von nichtrichterlichen Beisitzern. Die nichtrichterlichen Beisitzer werden je zur Hälfte aus den Kreisen der Arbeitgeber und Arbeitnehmer entnommen. Jeder Senat des Reichsarbeitsgerichts wird in der Besetzung mit einem Vorsitzenden, zwei richterlichen Beisitzern und je einem Beisitzer der Arbeitgeber und Arbeitnehmer tätig. Im übrigen stehen die Senate des Reichsarbeitsgerichts den Zivilsenaten des Reichsgerichts im Sinne des Gerichtsverfassungsgesetzes gleich[2]). Die Zahl der Senate bestimmt der Reichsminister der Justiz im Einvernehmen mit dem Reichsarbeitsminister (§ 41). Zu Vorsitzenden, stellvertretenden Vorsitzenden und richterlichen Beisitzern des Reichsarbeitsgerichts sollen nur Richter berufen werden, die auf arbeitsrechtlichem und sozialem Gebiet besondere Kenntnisse und Erfahrungen besitzen[3]) (§ 42). Die nichtrichterlichen Beisitzer werden vom Reichsarbeitsminister im Einvernehmen mit dem Reichsminister der Justiz auf die Dauer von drei Jahren berufen. Sie sind in angemessenem Verhältnis aus den Vorschlagslisten zu entnehmen, die von den Spitzenverbänden der wirtschaftlichen Vereinigungen der Arbeitgeber und der Arbeitnehmer und von den im § 22 Abs. 2 Nr. 2 bezeichneten Körperschaften[4]) eingereicht werden. Die Beisitzer müssen das fünfunddreißigste Lebensjahr[5]) vollendet haben und sollen seit längerer Zeit im Deutschen Reiche als Arbeitgeber oder als Arbeitnehmer tätig gewesen sein. Für die Amtsenthebung ist der Präsident des Reichsgerichts zuständig. Im übrigen gelten für die Berufung und Stellung der nichtrichterlichen Beisitzer die Vorschriften des § 20

[1]) Also regelmäßig ordentliche Richter, die Angehörige des Reichsgerichts sind.

[2]) §§ 136, 138, 140 GVG.

[3]) Vgl. §§ 18 Abs. 1 und 2 und 36 Abs 2.

[4]) Siehe Anm. zu § 20.

[5]) Vgl. §§ 21 und 37.

Abs. 3 und der §§ 21 bis 28 entsprechend[1]) (§ 43). Vor Beginn des Geschäftsjahrs verteilt das Präsidium des Reichsgerichts die Geschäfte auf die einzelnen Senate des Reichsarbeitsgerichts. In gleicher Weise erfolgt die Verteilung der Vorsitzenden, der stellvertretenden Vorsitzenden, der richterlichen Beisitzer und der nichtrichterlichen Beisitzer auf die einzelnen Senate. Die Vorsitzenden, die stellvertretenden Vorsitzenden und die richterlichen Beisitzer können mehreren Senaten angehören. Vor der Verteilung der Geschäfte und der nichtrichterlichen Beisitzer auf die Senate sind je zwei Beisitzer der Arbeitgeber und der Arbeitnehmer zu hören. Die nichtrichterlichen Beisitzer sollen zu den einzelnen Sitzungen nach der Reihenfolge einer Liste herangezogen werden, die der Vorsitzende vor Beginn des Geschäftsjahrs aufstellt (§ 44). Bei Entscheidungen der vereinigten Zivilsenate oder des Plenums des Reichsgerichts, bei denen es sich um arbeitsrechtliche Fragen handelt, wirken je ein Arbeitgeberbeisitzer und je ein Arbeitnehmerbeisitzer von jedem Senat des Reichsarbeitsgerichts mit. Sie gelten als Mitglieder des Reichsgerichts im Sinne des § 138 GVG.[2]) (§ 45).

Dritter Teil: **Verfahren vor den Arbeitsgerichtsgerichtsbehörden**. Das Arbeitsgerichtsgesetz sieht, wie oben schon bemerkt, ein Urteilsverfahren und ein Beschlußverfahren vor. Das Urteilsverfahren findet in sämtlichen vorher bezeichneten bürgerlichen Rechtsstreitigkeiten (§ 2 Nr. 1—4 und § 3) Anwendung. Für das Urteilsverfahren des ersten Rechtszuges gelten die für das amtsgerichtliche Verfahren maßgebenden Vorschriften der Zivilprozeßordnung[3]) entsprechend, soweit nichts anderes bestimmt ist[4]). An die Stelle der Vorschriften über das Güteverfahren

[1]) Wie bei den Arbeitsgerichten.

[2]) § 138 GVG. ist abgedruckt im Gesetzestext hinter § 45.

[3]) §§ 495 ff. ZPO.

[4]) Abweichende Bestimmungen enthalten § 47 bzgl. Ein-

vor Erhebung der Klage treten die §§ 54 und 55. Die Vorschriften über den Urkunden- und Wechselprozeß sowie die Verordnung zur Entlastung der Gerichte in der Fassung der Bekanntmachung vom 13. Mai 1924 (RGBl. I S. 552) finden keine Anwendung (§ 46). Die Klage ist bei dem Arbeitsgericht schriftlich einzureichen oder bei seiner Geschäftsstelle mündlich zur Niederschrift anzubringen. Sie gilt unbeschadet der Vorschrift des § 496 Abs. 3 Satz 1 ZPO. erst mit der Zustellung an den Beklagten als erhoben[1]). Eine Aufforderung an den Beklagten, sich auf die Klage schriftlich zu äußern, erfolgt in der Regel nicht. An ordentlichen Gerichtstagen können aber auch die Parteien zur Verhandlung eines Rechtsstreits ohne Ladung vor dem Arbeitsgericht erscheinen. In diesem Falle wird die Klage durch mündlichen Vortrag erhoben. Der wesentliche Inhalt der Klage ist in einer Niederschrift aufzunehmen, wenn die Sache streitig bleibt. Wohnt die beklagte Partei am Sitze des Arbeitsgerichts, so muß die Klage mindestens am zweiten Tage vor dem Termin zugestellt werden. Das gleiche gilt für die Ladungen (§ 47). Die örtliche Zuständigkeit des Arbeitsgerichts richtet sich nach den

lassungs- und Ladungsfristen; § 48 bzgl. der örtlichen Zuständigkeit in besonderen Fällen; § 49 bzgl. Ablehnung von Gerichtspersonen; § 50 bzgl. Zustellung der Urteile; §§ 54 und 55 bzgl. des Güteverfahrens; § 58 bzgl. der Beweisaufnahme und Eidesabnahme; § 59 bzgl. des Versäumnisverfahrens; § 60 bzgl. Verkündung der Urteile; § 61 bzgl. Inhalt der Urteile; § 62 bzgl. der Vollstreckbarkeitserklärung der Urteile; § 63 bzgl. der Zustellung von Urteilsausfertigungen im Falle von Klagen der Betriebsvertretungen aus §§ 86 und 87 BRG. (vgl. hierzu die weiter unten angeführten Paragraphen).

[1]) § 496 Abs. 3 Satz 1 lautet: Soll durch die Zustellung eine Frist gewahrt oder die Verjährung unterbrochen werden, so tritt die Wirkung, sofern die Zustellung demnächst erfolgt, bereits mit der Einreichung oder Anbringung des Antrages oder der Erklärung ein.

§§ 12ff. ZPO. Die Vorschriften des § 11 ZPO. über die bindende Wirkung der rechtskräftigen Entscheidung, durch die ein Gericht sich für sachlich unzuständig erklärt hat, und des § 276 ZPO. über die Verweisung des Rechtsstreites an das örtlich oder sachlich zuständige Gericht finden auf das Verhältnis der Arbeitsgerichte und der ordentlichen Gerichte zueinander entsprechende Anwendung. Für Streitigkeiten aus einem Arbeits- oder Lehrverhältnis und aus Verhandlungen über die Eingehung eines Arbeits- oder Lehrverhältnisses, das sich nach einem Tarifvertrag bestimmt, können unbeschadet der Vorschriften der §§ 38 bis 40 ZPO.[1]) die Parteien des Tarifvertrags die Zuständigkeit eines an sich örtlich unzuständigen Arbeitsgerichts vereinbaren (§ 48). Über die Ablehnung von Gerichtspersonen[2]) entscheidet die Kammer des Arbeitsgerichts. Wird sie durch das Ausscheiden des abgelehnten Mitglieds beschlußunfähig, so entscheidet das Landesarbeitsgericht. Gegen den Beschluß findet kein Rechtsmittel statt (§ 49). Urteile sind von Amts wegen zuzustellen (§ 50). Der Vorsitzende kann das persönliche Erscheinen der Parteien in jeder Lage des Rechtsstreits anordnen. Im übrigen finden die Vorschriften des § 141 Abs. 2 und 3 ZPO.[3]) entsprechende Anwendung. Der Vorsitzende kann die Zulassung eines Prozeßbevollmächtigten ablehnen, wenn die Partei trotz Anordnung ihres persönlichen Erscheinens unbegründet ausgeblieben ist und hierdurch der Zweck der Anordnung vereitelt wird. § 141 Abs. 3 Satz 2 ZPO. findet entsprechende Anwendung (§ 51). Die Verhandlung vor dem erkennenden Gericht[4]) einschließlich der Beweisaufnahme und der Ver-

[1]) §§ 38—40 ZPO. sind abgedruckt im Gesetzestext hinter § 48.

[2]) Vgl. hierüber §§ 41 ff. ZPO.

[3]) § 141 Abs. 2 und 3 ist abgedruckt im Gesetzestext hinter § 51.

[4]) Auch im Güteverfahren, wenn gemäß § 55 der Vorsitzende ev. allein entscheidet. Der Ausschluß kann hier aber trotzdem aus Zweckmäßigkeit stattfinden.

kündung der Entscheidungen ist öffentlich. Das Arbeitsgericht kann die Öffentlichkeit für die Verhandlung oder für einen Teil der Verhandlung ausschließen, wenn durch die Öffentlichkeit eine Gefährdung der Sittlichkeit zu besorgen ist oder wenn eine Partei den Ausschluß der Öffentlichkeit beantragt, weil Betriebs-, Geschäfts- oder Erfindungsgeheimnisse zum Gegenstand der Verhandlung oder der Beweisaufnahme gemacht werden; im Güteverfahren kann es die Öffentlichkeit auch aus Zweckmäßigkeitsgründen ausschließen. Die Vorschriften der §§ 173—175 GVG.[1]) finden entsprechende Anwendung (§ 52). Die nicht auf Grund einer mündlichen Verhandlung ergehenden Beschlüsse und Verfügungen erläßt, soweit nichts anderes bestimmt ist, der Vorsitzende allein. Im übrigen gelten für die Befugnisse des Vorsitzenden und der Beisitzer die Vorschriften der Zivilprozeßordnung[2]) über das landgerichtliche Verfahren entsprechend (§ 53).

Die mündliche Verhandlung beginnt, falls kein Güteverfahren vor einer anderen Stelle (§§ 101—105) vereinbart ist, mit einer Verhandlung vor dem Vorsitzenden zum Zwecke der gütlichen Einigung der Parteien, sog. Güteverhandlung[3]). Der Vorsitzende hat zu diesem Zwecke das gesamte Streitverhältnis mit den Parteien unter freier Würdigung aller Umstände zu erörtern. Zur Aufklärung des Sachverhalts kann er alle Handlungen vornehmen, die sofort erfolgen können. Eidliche Vernehmungen und die

---

[1]) §§ 173—175 GVG. sind im Gesetzestext hinter § 52 abgedruckt.

[2]) §§ 273 u. 136ff. ZPO.

[3]) Nach dieser zwingenden Vorschrift ist also die Zuziehung von Beisitzern im ersten Termin gegenüber der erwähnten Bestimmung des § 54 Abs. 1 GGG. unzulässig. Die neue Vorschrift dürfte aber sehr häufig eine Verzögerung des Verfahrens bedeuten, da sehr viele Parteien mit der ausgesprochenen Absicht, sich nicht zu vergleichen, vor Gericht gehen.

Auferlegung von Parteieiden sind jedoch ausgeschlossen. Das Ergebnis der Güteverhandlung, insbesondere der Abschluß eines Vergleichs, ist in die Niederschrift (Protokoll) aufzunehmen (§ 54). Erscheint eine Partei in der Güteverhandlung nicht[1]) oder ist die Güteverhandlung erfolglos, so schließt sich die weitere Verhandlung unmittelbar an[2]); falls dem Hinderungsgründe entgegenstehen, soll sie binnen drei Tagen stattfinden. Der Vorsitzende entscheidet allein, wenn das Urteil ohne streitige Verhandlung auf Grund des Versäumnisses des Anerkenntnisses, der Zurücknahme der Klage oder des Verzichts einer Partei ergeht oder wenn die Entscheidung in der an die Güteverhandlung sich unmittelbar anschließenden Verhandlung erfolgen kann, und die Parteien sie übereinstimmend beantragen. Dieser Antrag ist in der Niederschrift aufzunehmen. Erscheinen beide Parteien zur Güteverhandlung nicht, so ist ein Termin zur streitigen Verhandlung zu bestimmen[3]). Das gleiche gilt, falls ein Güteverfahren vor einer anderen Stelle vereinbart ist (§ 55).

Der Vorsitzende hat die streitige Verhandlung so vorzubereiten, daß sie möglichst in einem Termin zu Ende geführt werden kann. Er kann zu diesem Zwecke insbesondere die Ladung von Zeugen und Sachverständigen veranlassen, amtliche Äußerungen herbeiführen, schriftliche Unterlagen beiziehen und das persönliche Erscheinen der Partei an-

---

[1]) so kann Versäumnisurteil erlassen werden.

[2]) ev. unter Zuziehung von Beisitzern.

[3]) Diese zwingende Bestimmung dürfte oft für das Gericht sehr unbequem werden, da die Parteien häufig sich außergerichtlich einigen und dem Gericht keine Nachricht davon geben und daher nach dieser Vorschrift unnötige Termine angesagt werden. Die Bestimmung wäre zweckmäßiger wie in § 39 Abs. 3 GGG. dahin ergangen, in solchem Falle das Verfahren ruhen zu lassen, eine Bestimmung, die sich gerade vor de Gewerbe- und Kaufmannsgerichten sehr bewährt hat.

ordnen; von diesen Maßnahmen soll er die Partei benachrichtigen (§ 56). Die Verhandlung ist möglichst in einem Termin zu Ende zu führen. Ist das nicht durchführbar, insbesondere weil eine Beweisaufnahme nicht sofort stattfinden kann, so ist der weitere Termin sofort[1]) zu verkünden. Die gütliche Erledigung des Rechtsstreits soll während des ganzen Verfahrens angestrebt werden (§ 57). Soweit die Beweisaufnahme am Sitze des Arbeitsgerichts möglich ist, erfolgt sie vor der Kammer. Erfolgt sie nicht am Sitze, aber im Bezirke des Arbeitsgerichts, so kann sie dem Vorsitzenden übertragen werden. Muß sie außerhalb des Bezirks des Arbeitsgerichts stattfinden, so kann sie dem Vorsitzenden desjenigen Arbeitsgerichts oder, falls dies aus Gründen der örtlichen Lage zweckmäßiger ist, demjenigen Amtsgericht übertragen werden, in dessen Bezirk die Beweisaufnahme erfolgen soll[2]). Zeugen und Sachverständige werden nur beeidigt, wenn die Kammer dies zur Herbeiführung einer wahrheitsmäßigen Äußerung für notwendig erachtet[3]). In den Fällen des § 377 Abs. 3 und 4 ZPO.[4]) ist die eidesstattliche Versicherung nur erforderlich, wenn die Kammer sie aus dem gleichen Grunde für notwendig hält. Die Leistung eines zugeschobenen oder zurückgeschobenen Eides wird durch Beweisbeschluß angeordnet. Erscheint in dem zur Leistung eines Parteieides bestimmten Termin der Schwurpflichtige nicht, so ist der Eid als verweigert anzusehen und das Verfahren fortzusetzen. Der Schwurpflichtige kann sich jedoch binnen einer Notfrist von drei Tagen zur nach-

---

[1]) Nicht immer durchführbar. Z. B. nicht bei Vertretungen der Vorsitzenden oder bei kleineren Arbeitsgerichten, die Termine nur nach Bedarf ansetzen.

[2]) Vgl. § 13 über Rechtshilfe. E. S. 31.

[3]) Nicht mehr wie in § 44 GGG. bestimmt ist, auch in dem Falle, daß eine Partei die Beeidigung beantragt.

[4]) § 377 Abs. 3 und 4 ZPO. ist abgedruckt im Gesetzestext hinter § 58.

träglichen Leistung des Eides erbieten. Ein inzwischen ergangenes Urteil ist, wenn der Eid nachträglich geleistet wird, insoweit aufzuheben, als es auf der Annahme der Eidesverweigerung beruht. Hinsichtlich der Zwangsvollstreckung aus diesem Urteil finden die Vorschriften des § 707 ZPO[1]). entsprechende Anwendung. Erscheint der Schwurpflichtige auch in dem zur nachträglichen Eidesleistung bestimmten Termin nicht, so ist ein nochmaliges Erbieten zur Eidesleistung unzulässig (§ 58[2]). Gegen ein Versäumnisurteil kann die Partei, gegen die das Urteil ergangen ist, binnen einer Notfrist von drei Tagen[3]) nach seiner Zustellung Einspruch einlegen. Der Einspruch wird beim Arbeitsgericht schriftlich oder durch Abgabe einer Erklärung zur Niederschrift der Geschäftsstelle eingelegt. Hierauf ist die Partei zugleich mit der Zustellung des Urteils schriftlich hinzuweisen (§ 59). Zur Verkündung des Urteils kann ein besonderer Termin nur bestimmt werden, wenn die sofortige Verkündung in dem Termin, auf Grund dessen es erlassen wird, aus besonderen Gründen nicht möglich ist. Der Verkündungstermin darf nicht über drei Tage[4]) hinaus angesetzt werden. Dies gilt auch dann, wenn ein Urteil nach Lage der Akten erlassen wird. Bei der Verkündung des Urteils ist, sofern nicht beide Parteien abwesend sind,

---

[1]) § 707 ZPO. ist im Gesetzestext hinter § 58 abgedruckt.

[2]) § 58 entspricht im wesentlichen den §§ 43—46 GGG.

[3]) Die Frist ist dem § 40 GGG. entnommen. Leider nicht auch der übrige Inhalt diesem Paragraphen; daher gelten für das Versäumnisverfahren vor den Arbeitsgerichten, abgesehen von § 59, die Vorschriften in §§ 330ff. ZPO.

[4]) Eine überaus kurze Frist, die zu großen Nachteilen für den Berechtigten führen kann, wenn z. B. die Zustellung der Klage beim Nichterscheinen der andern Partei nicht nachzuweisen und in der gesetzten kurzen Verkündungsfrist die Zustellungsurkunde nicht zu beschaffen ist, und daher kein Versäumnisurteil erlassen werden kann.

der wesentliche Inhalt der Entscheidungsgründe mitzuteilen. Die Wirksamkeit der Verkündung ist von der Anwesenheit der Beisitzer nicht abhängig. Wird ein von der Kammer gefälltes Urteil ohne Zuziehung der Beisitzer verkündet, so ist die Urteilsformel vorher von dem Vorsitzenden und den Beisitzern zu unterschreiben. Das Urteil nebst Tatbestand und Entscheidungsgründen ist vom Vorsitzenden zu unterschreiben. War es bei der Verkündung noch nicht vollständig schriftlich niedergelegt, so soll es binnen drei Tagen nach der Verkündung in vollständiger Abfassung der Geschäftsstelle übergeben werden (§ 60). Auf den zur Zustellung an die Parteien bestimmten Ausfertigungen der Urteile und der das Beschlußverfahren beendenden Beschlüsse soll vermerkt werden, ob gegen die Entscheidung ein Rechtsmittel zulässig und bei welcher Behörde, in welcher Form und binnen welcher Frist es einzulegen ist (§ 9 Abs. 4). Der Betrag der Kosten ist, soweit er sofort ermittelt werden kann, im Urteil festzustellen. Ein Anspruch der obsiegenden Partei auf Entschädigung wegen Zeitversäumnis und auf Erstattung der Kosten für die Zuziehung eines Prozeßbevollmächtigten oder Beistandes besteht nicht. Den Wert des Streitgegenstandes setzt das Arbeitsgericht im Urteil fest. Findet nach dem Werte des Streitgegenstandes die Berufung nicht statt, so kann sie das Arbeitsgericht im Urteil zulassen, wenn der Rechtsstreit grundsätzliche Bedeutung hat. Das Arbeitsgericht soll die Berufung wegen der grundsätzlichen Bedeutung des Rechtsstreits zulassen, wenn es in der Auslegung einer Rechtsvorschrift von einem ihm im Verfahren vorgelegten Urteil abweicht, das für oder gegen eine Partei des Rechtsstreits ergangen ist, oder wenn über die Auslegung eines Tarifvertrags entschieden wird, den eine Partei des Rechtsstreits abgeschlossen hat und dessen Geltungsbereich sich über den Bezirk des Arbeitsgerichts hinaus erstreckt[1]. Spricht

[1]) Ob grundsätzliche Bedeutung eines Rechtsstreits vor-

das Urteil die Verpflichtung zur Vornahme einer Handlung aus, so ist der Beklagte auf Antrag des Klägers zugleich für den Fall, daß die Handlung nicht binnen einer bestimmten Frist vorgenommen ist, zur Zahlung einer vom Arbeitsgericht nach freiem Ermessen des Gerichts festzusetzenden Entschädigung zu verurteilen. Die Zwangsvollstreckung nach §§ 887, 888 ZPO.[2]) ist ausgeschlossen. Ein über den Grund des Anspruchs vorab entscheidendes Zwischenurteil ist wegen der Rechtsmittel nicht als Endurteil anzusehen[3]) (§ 61). Urteile der Arbeitsgerichte, gegen die der Einspruch oder die Berufung zulässig ist, sind vorläufig vollstreckbar. Macht der Beklagte glaubhaft, daß die Vollstreckung ihm einen nicht zu ersetzenden Nachteil bringen würde, so hat das Arbeitsgericht auf seinen Antrag die vorläufige Vollstreckbarkeit im Urteil auszuschließen. In den Fällen des § 707 Abs. 1 und des § 719 Abs. 1 ZPO.[4]) kann die Zwangsvollstreckung nur unter derselben Voraussetzung eingestellt werden. Im übrigen finden auf die Zwangsvollstreckung einschließlich des Arrestes und der einstweiligen Verfügung die Vorschriften des achten Buches der Zivilprozeßordnung Anwendung (§ 62). Hat in den Fällen der §§ 86, 87 BRG. die Betriebsvertretung die Klage erhoben, so wird die vollstreckbare Ausfertigung eines der Klage stattgebenden

---

liegt, darüber entscheidet das Gericht nach freiem Ermessen. Die nachfolgende Sollvorschrift ist für die Praxis gänzlich bedeutungslos, da in überaus vielen Fällen nichtgleichlautende Entscheidungen vorliegen, und daher die grundsätzliche Bedeutung zu oft zu bejahen wäre, was wohl nicht dem Sinne des Gesetzes entspricht.

[2]) §§ 887 und 888 ZPO. sind abgedruckt im Gesetzestext hinter § 61.

[3]) § 61 Abs. 4 entspricht dem § 51 GGG., Abs. 5 entspricht dem § 50 GGG.

[4]) §§ 707 und 719 ZPO. sind abgedruckt im Gesetzestext hinter § 58 bzw. § 62.

Urteils dem beteiligten Arbeitnehmer erteilt. Sie wird nur erteilt, wenn der Arbeitnehmer nachweist, daß der Arbeitgeber die Weiterbeschäftigung abgelehnt oder sich binnen der in dem § 87 Abs. 3[1]) BRG. festgesetzten Frist nicht erklärt hat. Der Nachweis kann auch durch Versicherung an Eides Statt geführt werden. Wird die Klage der Betriebsvertretung abgewiesen, so bleiben die Kosten außer Ansatz (§ 63).

Gegen die Urteile der Arbeitsgerichte findet, soweit nicht nach § 78 das Rechtsmittel der Beschwerde gegeben ist, die Berufung an die Landesarbeitsgerichte statt, wenn der vom Arbeitsgerichte festgesetzte Wert des Streitgegenstandes den Betrag von dreihundert Reichsmark übersteigt oder wenn das Arbeitsgericht die Berufung wegen der grundsätzlichen Bedeutung des Rechtsstreits zugelassen hat[2]). Für das Verfahren vor den Landesarbeitsgerichten gelten, soweit das Arbeitsgerichtsgesetz nichts anderes bestimmt, die Vorschriften der Zivilprozeßordnung über die Berufung entsprechend[3]). Die Vorschriften über das Verfahren vor dem Einzelrichter finden keine Anwendung. Die Verordnung zur Entlastung der Gerichte, in der Fassung der Bekanntmachung vom 13. Mai 1924 (RGBl. I S. 552), findet mit Ausnahme ihrer §§ 7, 8[4]) keine Anwendung. Die Vorschriften des § 49 Abs. 1 und 3, des § 51 Abs. 1, der §§ 52, 53, 56, 58, 59, des § 60 Abs. 1 bis 3 und Abs. 4 Satz 2, des § 61 Abs. 4 und 5 und der §§ 62 und 63, über Ablehnung von Gerichtspersonen, persönliches Erscheinen der Parteien, Öffentlichkeit, Befugnisse des Vorsitzenden

---

[1]) Drei Tage nach Zustellung des Urteils an ihn.

[2]) Ob grundsätzliche Bedeutung vorliegt, darüber entscheidet das Arbeitsgericht ohne daß es eines Antrags der Parteien bedarf, nach freiem Ermessen. Das Landgericht ist an diese Entscheidung mangels entgegenstehender Bestimmung gebunden.

[3]) §§ 511 ff. ZPO.

[4]) Abgedruckt im Gesetzestext hinter § 64.

und der Beisitzer, Vorbereitung der streitigen Verhandlung, Beweisaufnahme, Versäumnisverfahren, Verkündung des Urteils, Inhalt des Urteils, Zwangsvollstreckung und Verfahren in besonderen Fällen gelten entsprechend (§ 64)[1]. Auf Mängel des Verfahrens bei der Berufung der Beisitzer oder auf Umstände, die die Berufung eines Beisitzers zu seinem Amte ausschließen, kann die Berufung nicht gestützt werden[2] (§ 65). Die Berufungsfrist und die Frist für die Berufungsbegründung betragen je zwei Wochen. Die Bestimmung des Termins zur mündlichen Verhandlung muß, wenn nicht die Berufung nach § 519b ZPO.[3] ohne mündliche Verhandlung als unzulässig verworfen wird, unverzüglich erfolgen. Die Vorschriften des § 519 Abs. 6 ZPO.[4] über die vorherige Zahlung der Prozeßgebühr finden keine Anwendung (§ 66). Soweit das Vorbringen neuer Tatsachen und Beweismittel nach § 529 Abs. 1 und 2 ZPO.[4] zulässig ist, sind sie vom Berufskläger in der Berufungsbegründung, vom Berufsbeklagten spätestens in der ersten mündlichen Verhandlung anzubringen. Werden sie später angebracht, so sind sie nur zuzulassen, wenn sie nach der Berufungsbegründung oder nach der ersten mündlichen Verhandlung entstanden sind oder das verspätete Vorbringen nach der freien Überzeugung des Landesarbeitsgerichts nicht auf Verschulden der Partei beruht (§ 67). Wegen eines Mangels im Verfahren des Arbeitsgerichts ist die Zurückverweisung des Rechtsstreits an die erste Instanz nicht zulässig (§ 68)[5]. Das Urteil ist von den Mitgliedern der Kammer zu unterschreiben. Hat sich der Wert des Streitgegenstandes nach der Verkündung des Urteils des Arbeits-

---

[1] Vgl. E. S. 43 Anm. 4.

[2] Entsprechend dem § 56 GGG.

[3] §§ 519 und 519b, abgedruckt im Gesetzestext hinter § 66.

[4] § 529 ZPO., abgedruckt im Gesetzestext hinter § 67.

[5] § 68 hebt insoweit § 539 ZPO. auf. Letzterer ist abgedruckt im Gesetzestext hinter § 68.

gerichts geändert, so setzt ihn das Landesarbeitsgericht im Urteil neu fest. Findet nach dem Werte des Streitgegenstandes die Revision nicht statt, so kann sie das Landesarbeitsgericht im Urteil zulassen, wenn der Rechtsstreit grundsätzliche Bedeutung hat[1]) (§ 69). Gegen Beschlüsse und Verfügungen des Landesarbeitsgerichts oder seines Vorsitzenden findet außer im Falle der Verwerfung der Berufung nach § 519b Abs. 2 ZPO.[2]) kein Rechtsmittel statt (§ 70). In den Fällen der §§ 86, 87 BRG. kann die Betriebsvertretung nur dann die Berufung einlegen oder für den Berufungsbeklagten eintreten, wenn sie die Klage beim Arbeitsgerichte erhoben hatte (§ 71).

Gegen die Urteile der Landesarbeitsgerichte im Berufungsverfahren in Rechtsstreitigkeiten nach § 2 Nr. 1 bis 3 und nach § 3 findet die Revision an das Reichsarbeitsgericht statt, wenn der vom Arbeitsgericht oder vom Landesarbeitsgerichte festgesetzte Wert des Streitgegenstandes die in der ordentlichen bürgerlichen Gerichtsbarkeit geltende Revisionsgrenze[3]) übersteigt oder wenn das Landesarbeitsgericht die Revision wegen der grundsätzlichen Bedeutung des Rechtsstreits zugelassen hat[4]). Gegen Urteile, durch welche über die Anordnung, Abänderung oder Aufhebung eines Arrestes oder einer einstweiligen Verfügung entschieden wird, ist die Revision nicht zulässig. Für das Verfahren vor dem Reichsarbeitsgerichte gelten, soweit das Arbeitsgerichtsgesetz nichts anderes bestimmt, die für die Revision maßgebenden Vorschriften der Zivilprozeßord-

---

[1]) Ob grundsätzliche Bedeutung vorliegt, darüber entscheidet das Landesarbeitsgericht nach freiem Ermessen. Das Revisionsgericht ist mangels anderweitiger Bestimmung an die Entscheidung gebunden.

[2]) Abgedruckt im Gesetzestext hinter § 66.

[3]) Zurzeit 4000 Mark, vgl. § 546 Abs. 1 ZPO. und VO. v. 21. Dezember 1925, RGBl. I S. 476.

[4]) Vgl. E. über § 69 Anm.

nung[1]) entsprechend. Die Vorschriften des § 49 Abs. 1, der §§ 52 und 53 und des § 61 Abs. 4 und 5 über Ablehnung von Gerichtspersonen, Öffentlichkeit, Befugnisse des Vorsitzenden und der Beisitzer und Inhalt des Urteils gelten entsprechend (§ 72). Die Revision kann nur darauf gestützt werden, daß das Urteil des Landesarbeitsgerichts auf der Nichtanwendung oder der unrichtigen Anwendung einer gesetzlichen Bestimmung oder einer die Regelung der einzelnen Arbeitsverträge betreffenden Bestimmung eines Tarifvertrags beruhe. Auf die unrichtige Annahme der örtlichen Zuständigkeit[2]), auf Mängel des Verfahrens bei der Berufung der Beisitzer oder auf Umstände, die die Berufung eines Beisitzers zu seinem Amte ausschließen, kann die Revision nicht gestützt werden (§ 73). Die Revisionsfrist und die Frist für die Revisionsbegründung betragen je zwei Wochen. Die Bestimmung des Termins zur mündlichen Verhandlung muß, wenn nicht die Revision nach § 554 a ZPO. ohne mündliche Verhandlung als unzulässig verworfen wird, unverzüglich erfolgen. Die Vorschriften des § 554[3]) Abs. 7 ZPO. über die vorherige Zahlung der Prozeßgebühr finden keine Anwendung (§ 74). Die Wirksamkeit der Verkündung des Urteils ist von der Anwesenheit der nichtrichterlichen Beisitzer nicht abhängig. Wird ein Urteil ohne Zuziehung der nichtrichterlichen Beisitzer verkündet, so ist die Urteilsformel vorher von den Vorsitzenden und den Beisitzern zu unterschreiben. Das Urteil nebst Tatbestand und Entscheidungsgründen ist von dem Vorsitzenden und den Beisitzern zu unterschreiben (§ 75).

Gegen die Urteile der Arbeitsgerichte kann unter Übergehung des Berufungsverfahrens unmittelbar die Revision beim Reicharbeitsgericht eingelegt werden (Sprungrevision),

---

[1]) §§ 545ff. ZPO.

[2]) Entsprechend dem § 549 Abs. 2 ZPO.

[3]) § 554 und 554a sind abgedruckt im Gesetzestext hinter § 74.

wenn der Wert des Streitgegenstandes die Revisionsgrenze[1]) übersteigt und wenn der Gegner einwilligt oder der Reichsarbeitsminister die sofortige Entscheidung des Rechtsstreits durch das Reichsarbeitsgericht im Interesse der Allgemeinheit für notwendig erklärt. Die Erklärung des Gegners oder des Reichsarbeitsministers ist der Revisionsschrift beizufügen.

Die Sprungrevision ist unzulässig, wenn vor dem Tage ihrer Einlegung die Berufung beim Landesarbeitsgericht eingelegt war. Ist die Sprungrevision zulässig, so schließt ihre Einlegung die Berufung für beide Parteien aus.

Die Vorschriften des § 566a[2]) Abs. 3 und 5 bis 7 ZPO. gelten entsprechend (§ 76). Für die Entscheidung über die sofortige Beschwerde nach § 519b Abs. 2[3]) ZPO. ist das Reichsarbeitsgericht zuständig. Die Vorschriften der Zivilprozeßordnung[4]) über die sofortige Beschwerde gelten entsprechend. Die Entscheidung ergeht ohne Zuziehung der nichtrichterlichen Beisitzer (§ 77).

Hinsichtlich der Beschwerden gegen Entscheidungen der Arbeitsgerichte oder ihrer Vorsitzenden gelten die für die Beschwerden gegen Entscheidungen der Amtsgerichte maßgebenden Vorschriften der Zivilprozeßordnung[5]) entsprechend. Über die Beschwerde entscheidet das Landesarbeitsgericht. Eine weitere Beschwerde findet nicht statt (§ 78). Die Vorschriften der Zivilprozeßordnung über die Wiederaufnahme des Verfahrens[6]) gelten für Rechtsstreitigkeiten nach § 2 Nr. 1 bis 4 und nach § 3 entsprechend.

---

[1]) Zurzeit 4 000 M. siehe auch E. über § 72 Anm.

[2]) § 566a Abs. 3 und 5—7 ZPO. ist abgedruckt im Gesetzestext hinter § 76.

[3]) § 519b ist abgedruckt im Gesetzestext hinter § 66.

[4]) § 577 ZPO. ist ein Gesetzestext hinter § 77 abgedruckt.

[5]) §§ 567ff. ZPO.

[6]) §§ 578ff. ZPO.

Die Richtigkeitsklage kann jedoch nicht auf Mängel des Verfahrens bei der Berufung der Beisitzer oder auf Umstände, die die Berufung eines Beisitzers zu seinem Amte ausschließen, gestützt werden (§ 79).

Das Beschlußverfahren findet in den im § 2 Nr. 5 bezeichneten Fällen Anwendung. Für das Beschlußverfahren des ersten Rechtszugs gelten die für das Urteilsverfahren des ersten Rechtszugs maßgebenden Vorschriften über Öffentlichkeit, Ausschließung und Ablehnung von Gerichtspersonen, Prozeßfähigkeit, persönliches Erscheinen der Parteien, Zustellungen, Ladungen, Termine und Fristen, Befugnisse des Vorsitzenden und der Beisitzer, Beweisaufnahme und Wiedereinsetzung in den vorigen Stand entsprechend[1]), soweit sich aus den §§ 81 bis 84 nichts anderes ergibt (§ 80). Das Verfahren wird nur auf Antrag eingeleitet; der Antrag ist bei dem Arbeitsgerichte schriftlich einzureichen oder bei seiner Geschäftsstelle mündlich zur Niederschrift anzubringen. Der Antrag kann jederzeit in derselben Form zurückgenommen werden. In diesem Falle ist das Verfahren vom Vorsitzenden des Arbeitsgerichts einzustellen. Von der Einstellung ist den Beteiligten Kenntnis zu geben, soweit ihnen der Antrag vom Arbeitsgerichte mitgeteilt worden ist (§ 81). Zuständig ist das Arbeitsgericht, in dessen Bezirk die Betriebsvertretung ihre Geschäfte führt oder führen soll (§ 82)[2]). In dem Verfahren sind der Arbeitgeber, die Arbeitnehmer und die Betriebsvertretungen zu hören, die nach dem Betriebsrätegesetz im einzelnen Falle beteiligt sind. Der Vorsitzende des Arbeitsgerichts entscheidet, ob die Beteiligten mündlich oder schriftlich zu hören sind. Die mündliche Anhörung erfolgt vor der Kammer. Äußert sich ein Beteiligter trotz Aufforderung nicht oder

[1]) Vgl. E. über §§ 47, 49—53 und 58.

[2]) Ausschließlicher Gerichtsstand. Hier gelten nicht die für das Urteilsverfahren geltenden Vorschriften der §§ 12ff. ZPO. oder des § 48 AGG. bezüglich der örtlichen Zuständigkeit.

bleibt er auf Ladung unentschuldigt aus, so ist der Pflicht zur Anhörung genügt[1]). Zur Aufklärung des Sachverhalts können Urkunden eingesehen, Auskünfte eingeholt, Zeugen und Sachverständige vernommen und der Augenschein eingenommen werden. Die Vernehmung von Zeugen und Sachverständigen und die Einnahme des Augenscheins erfolgt durch die Kammer. Der Vorsitzende kann diese Maßnahmen vorbereiten (§ 83). Auf Grund der Ergebnisse des Verfahrens beschließt die Kammer nach freier Überzeugung. Der entscheidende Teil des Beschlusses ist schriftlich abzufassen. Wird er auf Grund mündlicher Anhörung erlassen, so ist er vom Vorsitzenden zu verkünden; falls hierbei Beteiligte anwesend sind, ist dabei der wesentliche Inhalt der Gründe mitzuteilen. Die Wirksamkeit der Verkündung ist von der Anwesenheit der Beisitzer nicht abhängig. Wird der Beschluß ohne Zuziehung der Beisitzer verkündet, so ist der entscheidende Teil des Beschlusses vorher von dem Vorsitzenden und den Beisitzern zu unterschreiben. Der Beschluß nebst Gründen ist vom Vorsitzenden zu unterschreiben. War er bei der Verkündung noch nicht vollständig schriftlich niedergelegt, so soll er binnen drei Tagen nach der Verkündung in vollständiger Abfassung der Geschäftsstelle übergeben werden. Der Beschluß ist den Beteiligten von Amts wegen zuzustellen (§ 84).

Gegen die das Verfahren beendenden Beschlüsse der Arbeitsgerichte findet die Rechtsbeschwerde[2]) statt. Für die Entscheidung über Rechtsbeschwerden sind die Landesarbeitsgerichte zuständig. Betrifft das Beschlußverfahren Unternehmungen oder Verwaltungen, die sich über den Bezirk eines Landes hinaus erstrecken oder die hinsichtlich der dienstlichen Verhältnisse der Arbeitnehmer der Aufsicht

[1]) Also kein Versäumnisverfahren, sondern Entscheidung nach Lage der Akten.

[2]) Die Rechtsbeschwerde entspricht der Berufung im Urteilsverfahren.

des Reiches unterstehen, so ist für die Entscheidung über Rechtsbeschwerden das Reichsarbeitsgericht zuständig. Für das Rechtsbeschwerdeverfahren gelten die für das Revisionsverfahren maßgebenden Vorschriften über Öffentlichkeit, Ausschließung und Ablehnung der Gerichtspersonen, Prozeßfähigkeit, Zustellungen, Ladungen, Termine und Fristen, Befugnisse des Vorsitzenden und der Beisitzer und Wiedereinsetzung in den vorigen Stand entsprechend[1]), soweit sich aus den §§ 86—89 nichts anderes ergibt. Zustellungen und Ladungen erfolgen im Rechtsbeschwerdeverfahren von Amts wegen. Die Einlegung der Rechtsbeschwerde hat aufschiebende Wirkung (§ 85). Die Rechtsbeschwerde kann nur darauf gestützt werden, daß der Beschluß des Arbeitsgerichts auf der Nichtanwendung oder der unrichtigen Anwendung einer gesetzlichen Bestimmung beruhe. Auf die unrichtige Annahme der örtlichen Zuständigkeit, auf Mängel des Verfahrens bei der Berufung der Beisitzer oder auf Umstände, die die Berufung eines Beisitzers zu seinem Amte ausschließen, kann die Rechtsbeschwerde nicht gestützt werden (§ 86). Die Rechtsbeschwerde wird durch Einreichung einer Beschwerdefrist beim Beschwerdegericht oder durch Erklärung zur Niederschrift der Geschäftsstelle des Arbeitsgerichts, das den angefochtenen Beschluß erlassen hat, eingelegt. Sie ist binnen einer Notfrist von zwei Wochen nach der Zustellung des angefochtenen Beschlusses einzulegen. Die die Rechtsbeschwerde enthaltende Schrift muß angeben, inwieweit die Abänderung des angefochtenen Beschlusses beantragt wird, welche Bestimmungen verletzt sein sollen und worin die Verletzung bestehen soll. Ist die Rechtsbeschwerde nicht in der gesetzlichen Form oder Frist eingelegt, so verwirft sie der Vorsitzende des Beschwerdegerichts als unzulässig. Der Beschluß ist endgültig. Er ist dem Beschwerdeführer

---

[1]) Vgl. E. über §§ 47, 49—53 und 58

zuzustellen. Die Rechtsbeschwerde kann jederzeit in der für ihre Einlegung vorgeschriebenen Form zurückgenommen werden. Im Falle der Zurücknahme stellt der Vorsitzende das Verfahren ein. Er gibt hiervon den Beteiligten Kenntnis, soweit ihnen die Rechtsbeschwerde zugestellt worden ist (§ 87). Die die Rechtsbeschwerde enthaltende Schrift wird den Beteiligten zur Äußerung zugestellt. Die Äußerung erfolgt durch Einreichung eines Schriftsatzes beim Beschwerdegericht oder durch Erklärung zur Niederschrift der Geschäftsstelle des Arbeitsgerichts, das den angefochtenen Beschluß erlassen hat. Geht von einem Beteiligten die Äußerung nicht rechtzeitig ein, so steht dies dem Fortgang des Verfahrens nicht entgegen. Gegen Beschlüsse und Verfügungen des Landesarbeitsgerichts oder seiner Vorsitzenden findet kein Rechtsmittel statt (§ 88). Über die Rechtsbeschwerde entscheidet die Kammer (der Senat) des Beschwerdegerichts durch Beschluß. Eine Zurückverweisung an das Arbeitsgericht ist nicht zulässig. Der Beschluß ist endgültig. Der Beschluß nebst Gründen ist vom Vorsitzenden zu unterschreiben und den Beteiligten zuzustellen. Er soll der Gerichtsschreiberei binnen drei Tagen nach der Beschlußfassung in vollständiger Abfassung übergeben werden (§ 89).

Im Beschwerdeverfahren finden die Vorschriften des § 78 Anwendung (§ 90).

Vierter Teil: **Vereinbarter Ausschluß der Arbeitsgerichtsbarkeit. Vereinbarte Vorverfahren.** Für bürgerliche Rechtsstreitigkeiten aus einem Arbeits- oder Lehrverhältnis, das sich nach einem Tarifvertrage bestimmt, können die Parteien des Tarifvertrages die Arbeitsgerichtsbarkeit im Tarifvertrag durch die ausdrückliche Vereinbarung[1]) ausschließen, daß die Entscheidung durch ein Schiedsgericht erfolgen soll. Die Wirkung dieser Verein-

---

[1]) Schriftlichkeit ist nicht erforderlich.

barung erstreckt sich nicht auf solche Parteien eines Arbeits- oder Lehrverhältnisses, die dem Tarifvertrage nur durch die Erklärung seiner allgemeinen Verbindlichkeit unterworfen sind.

Die Parteien des streitigen Rechtsverhältnisses können, allgemein oder für den Einzelfall, auch im voraus, eine derartige Vereinbarung treffen:

1. für bürgerliche Rechtsstreitigkeiten nach § 2 Nr. 1[1]);
2. für bürgerliche Rechtsstreitigkeiten nach § 2 Nr. 2[2]), wenn der beteiligte Arbeitnehmer ein Angestellter ist und sein Jahreseinkommen die im Angestelltenversicherungsgesetz vorgesehene Grenze[3]) für die Versicherungspflicht überschreitet (§ 91).

Der Schiedsvertrag in Arbeitsstreitigkeiten begründet im arbeitsgerichtlichen Verfahren eine prozeßhindernde Einrede.

Die Einrede entfällt in vier Fällen[4]). In den Fällen des Abs. 2 Nr. 2 und 3 erfolgt die Bestimmung der Frist auf Antrag des Klägers durch den Vorsitzenden des Arbeitsgerichts, das für die Geltendmachung des Anspruchs zuständig wäre. Liegt einer der vier Fälle für den Fortfall der Einrede vor, so ist eine schiedsgerichtliche Entscheidung des Rechtsstreits auf Grund des Schiedsvertrags in Arbeitsstreitigkeiten ausgeschlossen (§ 92). Das Schiedsgericht muß, sofern es nicht für bürgerliche Rechtsstreitigkeiten zwischen wirtschaftlichen Vereinigungen von Arbeitgebern oder von Arbeitnehmern und ihren Mitgliedern aus dem Vereinigungsverhältnis, für bürgerliche Rechtsstreitigkeiten zwischen Arbeitnehmern aus gemeinsamer Arbeit oder für

---

[1]) Tarifstreitigkeiten zwischen Tarifparteien usw.

[2]) Aus Einzelverträgen.

[3]) Zurzeit 6000 M. vgl. AVG. vom 28. Mai 1924, RGBl. I S. 562 § 3,

[4]) Siehe hierüber den Gesetzestext § 92.

einen bestimmten Einzelfall vereinbart ist, aus einer gleichen Zahl von Arbeitgebern und Arbeitnehmern bestehen; außerdem können ihm Unparteiische angehören. Personen, denen die bürgerlichen Ehrenrechte oder die Fähigkeit zur Bekleidung öffentlicher Ämter aberkannt sind, dürfen ihm nicht angehören. Als Schiedsgericht kann auch eine den Vorschriften des Abs. 1 in ihrer Zusammensetzung entsprechende Behörde oder Einrichtung vereinbart werden. In diesem Falle tritt beim Fortfalle eines Mitglieds dessen bestimmungsmäßiger Vertreter an seine Stelle. Minderjährige, Taube und Stumme können als Mitglieder des Schiedsgerichts abgelehnt werden. Außerdem können Mitglieder des Schiedsgerichts unter denselben Voraussetzungen abgelehnt werden, die zur Ablehnung eines Richters berechtigen[1]). Über die Ablehnung beschließt die Kammer des Arbeitsgerichts, das für die Geltendmachung des Anspruchs zuständig wäre. Vor dem Beschluß sind die Streitparteien und das abgelehnte Mitglied des Schiedsgerichts zu hören. Der Vorsitzende des Arbeitsgerichts entscheidet, ob sie mündlich oder schriftlich zu hören sind. Die mündliche Anhörung erfolgt vor der Kammer. Gegen den Beschluß findet kein Rechtsmittel statt (§ 93). Das Verfahren vor dem Schiedsgerichte regelt sich nach dessen freiem Ermessen, soweit der Schiedsvertrag oder die §§ 95—100 nichts anderes bestimmen (§ 94). Vor der Fällung des Schiedsspruchs sind die Streitparteien zu hören. Die Anhörung erfolgt, soweit der Schiedsvertrag nichts anderes bestimmt, mündlich. Die Parteien haben persönlich zu erscheinen oder sich durch einen mit schriftlicher Vollmacht versehenen Bevollmächtigten vertreten zu lassen. Die Vollmachtsurkunde ist stempelfrei. Ihre Beglaubigung kann nicht verlangt werden. Die Vorschrift des § 11 Abs. 1[2]) gilt entsprechend, soweit der

---

[1]) Siehe hierüber E über § 49 S. 45.

[2]) D. i. Ausschluß der Rechtsanwälte und von Personen, die das Verhandeln vor Gericht geschäftsmäßig betreiben, als Prozeßvertreter.

Schiedsvertrag nichts anderes bestimmt. Bleibt eine Partei in der Verhandlung unentschuldigt aus oder äußert sie sich trotz Aufforderung nicht, so ist der Pflicht der Anhörung genügt (§ 95)[1]). Das Schiedsgericht kann Beweise erheben, soweit die Beweismittel ihm zur Verfügung gestellt werden. Zeugen und Sachverständige kann das Schiedsgericht nicht beeidigen, eidesstattliche Versicherungen nicht verlangen oder entgegennehmen. Hält das Schiedsgericht eine Beweiserhebung für erforderlich, die es nicht vornehmen kann, so ersucht es um die Vornahme den Vorsitzenden desjenigen Arbeitsgerichts oder, falls dies aus Gründen der örtlichen Lage zweckmäßiger ist, dasjenige Amtsgericht, in dessen Bezirk die Beweisaufnahme erfolgen soll. Entsprechend ist zu verfahren, wenn das Schiedsgericht die Beeidigung eines Zeugen oder Sachverständigen zur Herbeiführung einer wahrheitsgemäßen Äußerung für notwendig erachtet. Die durch die Rechtshilfe entstehenden baren Auslagen sind dem Gerichte zu ersetzen; §§ 77, 79 GKG. finden entsprechende Anwendung. Der Parteieid ist im schiedsgerichtlichen Verfahren ausgeschlossen (§ 96). Ein vor dem Schiedsgerichte geschlossener Vergleich ist unter Angabe des Tages seines Zustandekommens von den Streitparteien und den Mitgliedern des Schiedsgerichts zu unterschreiben. Er ist stempelfrei (§ 97). Der Schiedsspruch ergeht mit einfacher Mehrheit der Stimmen der Mitglieder des Schiedsgerichts, falls der Schiedsvertrag nichts anderes bestimmt. Der Schiedsspruch ist unter Angabe des Tages seiner Fällung von den Mitgliedern des Schiedsgerichts zu unterschreiben und muß schriftlich begründet werden, soweit die Parteien nicht auf schriftliche Begründung ausdrücklich verzichten. Eine vom Verhandlungsleiter unterschriebene Ausfertigung des Schiedsspruchs ist jeder Streitpartei zuzustellen. Die

---

[1]) Hier gibt es kein Versäumnisverfahren, sondern nur Entscheidung nach Lage der Akten.

Zustellung kann durch eingeschriebenen Brief erfolgen. Eine vom Verhandlungsleiter unterschriebene Ausfertigung des Schiedsspruchs soll bei dem Arbeitsgerichte, das für die Geltendmachung des Anspruchs zuständig wäre, niedergelegt werden[1]). Die Akten des Schiedsgerichts oder Teile der Akten können ebenfalls dort niedergelegt werden. Der Schiedsspruch hat unter den Parteien dieselben Wirkungen wie ein rechtskräftiges Urteil[2]) des Arbeitsgerichts. Er ist stempelfrei (§ 98). Die Zwangsvollstreckung findet aus dem Schiedsspruch oder aus einem vor dem Schiedsgerichte geschlossenen Vergleich nur statt, wenn der Schiedsspruch oder der Vergleich von dem Vorsitzenden des Arbeitsgerichts, das für die Geltendmachung des Anspruchs zuständig wäre, für vollstreckbar erklärt worden ist[3]). Der Vorsitzende hat vor der Erklärung den Gegner zu hören. Wird nachgewiesen, daß auf Aufhebung des Schiedsspruchs geklagt ist, so ist die Entscheidung bis zur Erledigung dieses Rechtsstreits auszusetzen. Die Entscheidung des Vorsitzenden ist endgültig. Sie ist den Parteien zuzustellen (§ 99). Auf Aufhebung des Schiedsspruchs kann geklagt werden:

1. wenn das schiedsgerichtliche Verfahren unzulässig war;
2. wenn der Schiedsspruch gegen zwingende gesetzliche Vorschriften verstößt;
3. wenn die Voraussetzungen vorliegen, unter denen gegen ein gerichtliches Urteil nach § 580 Nr. 2 bis 5 ZPO. die Restitutionsklage zulässig wäre.

---

[1]) Zuwiderhandlung hat auf die Gültigkeit des Schiedsspruchs und die Vollstreckbarkeitserklärung (§ 99) keinen Einfluß.

[2]) D. h. er ist durch Rechtsmittel nicht anfechtbar; siehe aber § 99 und § 100.

[3]) Eine Nachprüfung des materiellen und formellen Inhalts des Schiedsspruches ist ausgeschlossen. Die Vollstreckbarkeitserklärung ist immer zu erlassen, wenn ein ordnungsmäßiger Schiedsspruch vorliegt.

Für die Klage ist das Arbeitsgericht zuständig, das für die Geltendmachung des Anspruchs zuständig wäre. Die Klage ist binnen einer Notfrist von zwei Wochen zu erheben. Die Frist beginnt in den Fällen des Abs. 1 Nr. 1 und 2 mit der Zustellung des Schiedsspruchs. In dem Falle des Abs. 1 Nr. 3 beginnt sie mit der Rechtskraft des Urteils, das die Verurteilung wegen der strafbaren Handlung ausspricht, oder mit dem Tage, an dem der Partei bekanntgeworden ist, daß die Einleitung oder die Durchführung des Verfahrens nicht erfolgen kann; nach Ablauf von zehn Jahren, von der Zustellung des Schiedsspruchs an gerechnet, ist die Klage unstatthaft. Ist der Schiedsspruch für vollstreckbar erklärt, so ist in dem der Klage stattgebenden Urteil auch die Aufhebung der Vollstreckbarkeitserklärung auszusprechen. Gegen das Urteil des Arbeitsgerichts findet kein Rechtsmittel statt (§ 100).

Soweit die Vertragsparteien nach § 88 einen Schiedsvertrag in Arbeitsstreitigkeiten schließen können, können sie auch ohne Ausschluß der Arbeitsgerichtsbarkeit vereinbaren, daß dem arbeitsgerichtlichen Verfahren ein Einigungsverfahren vor einer vereinbarten Gütestelle vorausgehen soll (Gütevertrag). Der Gütevertrag begründet im arbeitsgerichtlichen Verfahren eine prozeßhindernde Einrede. Die Einrede entfällt, wenn der Kläger dem Arbeitsgericht eine von dem Verhandlungsleiter der Gütestelle unterschriebene Bescheinigung vorlegt, daß eine Einigung der Streitparteien trotz Erscheinens des Klägers nicht erfolgt ist oder wenn die Voraussetzungen vorliegen, unter denen nach § 89 Abs. 2 Nr. 1 bis 3 die prozeßhindernde Einrede des Schiedsvertrags in Arbeitsstreitigkeiten entfiele (§ 101). Die Zusammensetzung der Gütestelle ist im Gütevertrage zu vereinbaren. Die Vorschriften des § 93 Abs. 1 Satz 2, Abs. 2, 3 und 4 gelten entsprechend[1]) (§ 102). Das Verfahren vor der Güte-

[1]) Ausschließung und Ablehnung von Personen als Schiedsrichter und das Verfahren bei Ablehnung.

stelle findet nur statt, wenn die Streitparteien vor ihr persönlich erscheinen. Es wird nach dem freien Ermessen der Gütestelle geregelt, soweit der Gütevertrag nichts anderes bestimmt (§ 103). Für einen vor der Gütestelle geschlossenen Vergleich gelten die Vorschriften der §§ 97 und 99 entsprechend (§ 104.) Soweit ein Gütevertrag geschlossen ist, findet ein Güteverfahren vor dem entscheidenden Arbeitsgerichte nach § 54 nicht statt (§ 105).

Soweit die Vertragsparteien nach § 91 einen Schiedsvertrag in Arbeitsstreitigkeiten schließen können, können sie auch ohne Ausschluß der Arbeitsgerichtsbarkeit vereinbaren, daß Tatfragen, die für die Entscheidung des Rechtsstreits erheblich sind, durch ein Schiedsgutachten entschieden werden sollen (Schiedsgutachtenvertrag)[1]. Die Vereinbarung hat die Wirkung, daß die durch Schiedsgutachten zu entscheidenden Tatfragen der Sachprüfung und Beweiserhebung im arbeitsgerichtlichen Verfahren entzogen sind und daß die Arbeitsgerichtsbehörde an das Schiedsgutachten gebunden ist. Die Wirkung tritt nicht ein, wenn eine der Voraussetzungen vorliegt, unter denen nach § 92 Abs. 2 die prozeßhindernde Einrede des Schiedsvertrags in Arbeitsstreitigkeiten entfiele (§ 106). Die Zusammensetzung der Schiedsgutachterstelle ist im Schiedsgutachtervertrage zu vereinbaren. Die Vorschriften des § 93 Abs. 1 Satz 2, Abs. 2, 3 und 4, der §§ 94—96 und des § 98 Abs. 1 und 2 gelten entsprechend (§ 107).

Fünfter Teil: **Ausführungs- und Übergangsvorschriften.** Die zur Durchführung dieses Gesetzes erforderlichen Ausführungsbestimmungen erlassen der Reichsarbeitsminister und der Reichsminister der Justiz gemeinsam mit Zustimmung des Reichsrats und nach Anhörung

[1]) Der Schiedsgutachtervertrag und das Schiedsgutachten müssen bereits bei Erhebung der Klage, in der sie verwertet werden sollen, vorliegen.

eines achtundzwanziggliedrigen Ausschusses des Reichstags (§ 108)[1]). Die Landesregierungen bestimmen, welche Behörden als oberste Landesbehörde für die Sozialverwaltung und als höhere Verwaltungsbehörde gelten[2]) (§ 109).

Durch die Errichtung der Arbeitsgerichtsbehörden werden verschiedene auf Grund besonderer Gesetze zugelassene Gerichte, so die Gewerbe- und Kaufmannsgerichte auch als vorläufige Arbeitsgerichte, die Innungen und Innungsschiedsgerichte, als entscheidende Stellen sowie die arbeitsgerichtlichen Kammern der Schlichtungsausschüsse gegenstandslos. Daher mußten die diesen Einrichtungen zugrunde liegenden Gesetze oder gesetzlichen Bestimmungen aufgehoben werden[3]) (§ 110). Abzuändern war sinngemäß § 81a Ziff. 4 GO. An Stelle des bisherigen § 91b GO. tritt folgende Bestimmung: „Als das gemäß § 83 Abs. 2 Nr. 11 für die Verhandlung von Streitigkeiten nach § 81a Ziffer 4 zuständige Organ hat die Innung einen Ausschuß zu bilden, dem Arbeitgeber und Arbeitnehmer in gleicher Zahl angehören müssen. Wird der von diesem Ausschuß gefällte Spruch nicht innerhalb einer Woche von beiden Parteien anerkannt, so kann binnen zwei Wochen nach ergangenem Spruch Klage beim zuständigen Arbeitsgericht erhoben werden. Der Klage muß in allen Fällen die Verhandlung vor dem Ausschuß vorangegangen sein. Aus Vergleichen, die vor dem Ausschuß geschlossen sind, und aus Sprüchen des Ausschusses, die von beiden Parteien anerkannt sind, findet die Zwangsvollstreckung statt. Die §§ 104 und 105 des Arbeitsgerichtsgesetzes gelten entsprechend." (§ 111.) Ferner mußte das Betriebsrätegesetz

---

[1]) Ausführungsbestimmungen des Reichs sind noch nicht erschienen.

[2]) Die Bestimmung dieser Behörde bleibt den Ausführungsbestimmungen der Länder vorbehalten.

[3]) Vgl. hierzu § 110 des Gesetzestextes.

mit dem Text des vorliegenden Gesetzes in Einklang gebracht werden[1]) (§ 112). In Erweiterung des § 334 StGB.[2]) fallen unter diese Strafbestimmung auch Beisitzer einer Arbeitsgerichtsbehörde (§ 113). Die Festsetzung einer Buße wegen vorsätzlicher oder grob fahrlässiger Zuwiderhandlung Schwerbeschädigter[3]) war gemäß § 18 Abs. 1 dieses Gesetzes den Arbeitsgerichten übertragen, noch ehe diese bestanden. Nunmehr ist für die Festsetzung der Buße das Schöffengericht berufen. § 18 Abs. 1 ist nach dieser Richtung abgeändert und für den gestrichenen § 26 desselben Gesetzes als Abs. 2 des § 18 folgende Verfahrensvorschrift hinzugefügt worden: „Für das Verfahren gelten die Vorschriften der Strafprozeßordnung entsprechend. Der Antrag der Hauptfürsorgestelle ist bei dem Amtsanwalte zu stellen; er kann zurückgenommen werden. Die Buße kann durch schriftlichen Strafbefehl des Amtsrichters ohne vorgängige Verhandlung festgesetzt werden, wenn der Amtsanwalt schriftlich darauf anträgt." (§ 114.) Die Pachtschutzordnung[4]) § 1 Abs. 4 wird dahin ergänzt, daß zur Entscheidung der zur Zuständigkeit der Pachteinigungsämter gehörenden Pachtstreitigkeiten nicht nur nicht die ordentlichen Gerichte, sondern auch nicht die Arbeitsgerichte angerufen werden können (§ 115). Soweit nach anderen Gesetzen oder Verordnungen Gewerbegerichte, Kaufmannsgerichte, arbeitsgerichtliche Kammern der Schlichtungsausschüsse, Innungsschiedsgerichte oder Innungen zur Entscheidung von Rechtsstreitigkeiten zuständig sind, treten an ihre Stelle die Arbeitsgerichte (§ 116).

---

[1]) Siehe die abgeänderten Paragraphen, abgedruckt im Gesetzestext hinter § 2.

[2]) Betrifft Bestechung von Richtern usw.

[3]) vom 12. Januar 1923.

[4]) Pachtschutzordnung v. 9. Juni 1920 i. d. Fassung vom 23. Juli 1925 (RGBl. I S. 151 ff.).

Die hauptamtlichen Beamten der nach § 85 GGG. zugelassenen Gewerbegerichte, die sich am Tage der Verkündigung des Arbeitsgerichtsgesetzes im Amte befunden haben, sind bei den für ihren bisherigen Amtssitz zuständigen Arbeitsgerichtsbehörden zu übernehmen (§ 117 Abs. 1). Die hauptamtlichen Vorsitzenden der übrigen Gewerbe- und Kaufmannsgerichte, die sich am Tage der Verkündung des Arbeitsgerichtsgesetzes im Amte befunden haben und als solche mindestens 2 Jahre tätig gewesen sind, sollen auf ihren Antrag als hauptamtliche Vorsitzende von Arbeitsgerichten[1]) übernommen werden (§ 117 Abs. 2). Andere bei den Gewerbe- und Kaufmannsgerichten beschäftigte Personen, die am Tage der Verkündung des Arbeitsgerichtsgesetzes ausschließlich im Dienste bei diesen Gerichten tätig gewesen sind, sind auf ihren Antrag zu übernehmen (§ 117 Abs. 4).

§ 118 regelt die Überlassung von den Gemeinden und Gemeindeverbänden gehörigen Grundstücken und Räumlichkeiten, die am 1. Januar 1925 den Zwecken der Gewerbe- und Kaufmannsgerichte gedient haben, an die Länder.

Das Vermögen der nach § 85 GGG. zugelassenen Gewerbegerichte geht auf das Land über (§ 119).

Bei der ersten Berufung der Beisitzer der Landesarbeitsgerichte nach dem Inkrafttreten des Arbeitsgerichtsgesetzes entfällt das Erfordernis einer dreijährigen Tätigkeit als Beisitzer einer Arbeitsgerichtsbehörde (§ 120)[2]).

Verfahren in Arbeitssachen, die in dem im § 122 Satz 2 bezeichneten Zeitpunkt bei Gewerbegerichten, Kaufmannsgerichten, arbeitsgerichtlichen Kammern der Schlichtungsausschüsse, Innungen, Innungsschiedsgerichten, den Ersatzstellen der Landwirtschaftsräte oder dem Vorläufigen Reichswirtschaftsrat anhängig sind, gehen in der Lage, in

---

[1]) Nicht auch als Vorsitzende von den anderen Arbeitsgerichtsbehörden.

[2]) Vgl. § 37.

der sie sich befinden, auf das Arbeitsgericht über, in dessen Bezirk die Stelle ihren Sitz hat, bei der das Verfahren bisher anhängig war. Dieses Arbeitsgericht ist auch für Klagen gegen Entscheidungen der Innungen und Innungsschiedsgerichte und für Klagen gegen Entscheidungen der Innungen und Innungsschiedsgerichte und für Klagen auf Aufhebung des Schiedsspruchs eines vereinbarten Schiedsgerichts in Arbeitssachen zuständig, die in dem im § 122 Satz 2 bezeichneten Zeitpunkt noch nicht bei einem Gericht anhängig sind. Auf das Verfahren vor den Arbeitsgerichtsbehörden finden die Vorschriften dieses Gesetzes Anwendung.

Für das Verfahren in Arbeitssachen die in dem im § 122 Satz 2 bezeichneten Zeitpunkt bei ordentlichen Gerichten anhängig sind, bleiben die ordentlichen Gerichte bis zur rechtskräftigen[1]) Erledigung zuständig. Das Verfahren bestimmt sich nach den Vorschriften über das Verfahren in bürgerlichen Rechtsstreitigkeiten (§ 121).

Das Arbeitsgerichtsgesetz tritt mit seiner Verkündung, d. h. am 28. Dezember 1926 in Kraft, soweit es sich um die Maßnahmen zu seiner Durchführung handelt. Im übrigen tritt es, soweit der Reichsarbeitsminister und der Reichsminister der Justiz gemeinsam keinen späteren Zeitpunkt bestimmen, mit dem 1. Juli 1927 in Kraft. Mit diesem Zeitpunkt treten auch die in §§ 110—116 vorgesehenen Abänderungen von Gesetzen und Verordnungen in Kraft (§ 122).

Das Arbeitsgerichtsgesetz ist die bedeutsamste Schöpfung unserer Zeit auf sozialrechtlichem Gebiete. Aus dem Gedanken heraus, eine besondere Gerichtsbarkeit, wie sie bisher nur für gewerbliche Arbeiter und kaufmännische Angestellte bei den Gewerbe- und Kaufmannsgerichten, Schlichtungsausschüssen und Innungsbehördegerichten galt, auf alle

---

[1]) D. h. auch für alle Instanzen, auch wenn die späteren Instanzen nach Inkrafttreten des Arbeitsgerichtsgesetzes angerufen werden.

Arbeitnehmer zu erstrecken, ist die Gesetzgebung, wesentlich beeinflußt durch politische Einwirkungen, weit über das beabsichtigte Ziel hinausgegangen. Eine gewaltige Anzahl von Streitigkeiten, die mit dem Dienstverhältnis in nur mittelbarem, vielfach in gar keinem Zusammenhange stehen, sind den ordentlichen Gerichten abgenommen und außer den bisherigen Sondergerichtssachen den Arbeitsgerichtsbehörden übertragen worden. Danach bedeutet das Arbeitsgerichtsgesetz nicht nur eine Erweiterung der bisherigen Sondergerichtsbarkeit, sondern es greift so tief in die bisherige ordentliche Gerichtsbarkeit und damit in die bestehenden Grundsätze unserer Rechtspflege ein, daß man von dem Beginne einer grundlegenden Umgestaltung der letzteren sprechen kann.

Die anfangs stark erörterte Frage, ob die neuen Gerichte wie die bisherigen Gewerbe- und Kaufmannsgerichte den Kommunen oder dem Staate zu unterstellen seien, hatte zuletzt an Bedeutung sehr verloren, da man schließlich fast allgemein zu der Ansicht gelangt war, daß, abgesehen von politischen und finanziellen Rücksichten, auf die Kommunen, der Umstand ausschlaggebend sei, daß die unmittelbare Beaufsichtigung und Verwaltung einer Gerichtsbarkeit von diesem Umfange dem Staate und insbesondere den allgemeinen Justizbehörden nicht entzogen werden könne. Der weitere bis zur Verabschiedung des Gesetzes geführte Streit, ob die Arbeitsgerichte den ordentlichen Gerichten an- oder einzugliedern oder neben ihnen als selbständige Gerichte zu bestellen seien, ist zugunsten der letzteren Regelung entschieden worden. Dies sowie die Errichtung einer Revisionsinstanz ist durchaus zu begrüßen.

Die von den bisherigen Gewerbe- und Kaufmannsgerichten anerkanntermaßen, mit Erfolg durchgeführten Grundsätze der Billigkeit, Schnelligkeit und Sachverständigkeit der Rechtsprechung sind vom Gesetzgeber auch den Arbeitsgerichtsbehörden zur Pflicht gemacht worden. Eine

Reihe von Vorschriften, wie z. B. § 9 Abs. 3 und § 57 begnügen sich damit, lediglich eine Anordnung in diesem Sinne zu treffen, ohne eine Handhabe zu ihrer Durchführung zu geben. Andere Vorschriften, wie z. B. §§ 54 Satz 1, 55 Abs. 1 und 3 und 56 enthalten freilich bestimmte Anweisungen, dürften aber nach den bei den bisherigen Sondergerichten gemachten Erfahrungen zum mindesten Bedenken gegen ihre Durchführbarkeit erregen. Der zwingende Ausschluß der Beisitzer im ersten Termin (§ 54) und die ebenfalls zwingende Vorschrift (§ 55 Abs. 3), daß beim Nichterscheinen beider Parteien Termin zur streitigen Verhandlung anzusetzen ist, können gegenüber den früheren Bestimmungen des Gewerbegerichtsgesetzes (§§ 54 Abs. 1 und 39 Abs. 3) leicht zu großen Verzögerungen führen, da erfahrungsgemäß eine große Reihe von Parteien entweder mit der ausgesprochenen Absicht, sich nicht zu vergleichen, vor Gericht erscheinen oder sich außergerichtlich nach Empfang der Ladung zum Termin verglichen haben, ohne dem Gericht hiervon Kenntnis zu geben. In allen diesen Fällen wird eine Belastung des neuen Verhandlungstermins mit aussichtslosen oder bereits erledigten Sachen zum Schaden der Rechtsuchenden und des Gerichts eintreten. Ferner ist zu bedauern, daß die bei den bisherigen Sondergerichten so sehr bewährte Regelung des Versäumnisverfahrens (§§ 39 und 40) nicht in ihrem ganzen Umfange übernommen worden ist. Das nunmehr geltende Versäumnisverfahren der Zivilprozeßordnung wird erheblich mehr Zeit und Arbeit in Anspruch nehmen und den Rechtsuchenden die Realisierung ihrer Ansprüche verzögern und erschweren. Hierzu kommt die überaus stark vermehrte, heute noch gar nicht zu umgrenzende sachliche Zuständigkeit, so daß nach allem bisher Gesagten die Schnelligkeit des Geschäftsganges und des Verfahrens arg gefährdet erscheint. Nicht viel anders liegt es mit der Sachverständigkeit der Rechtsprechung bei den neuen Gerichten, die bei den bisherigen Gewerbe- und Kaufmannsgerichten bis auf geringe Ausnahmen dank der zweckmäßigen Vorschriften durchaus gewährleistet war. Abgesehen davon, daß die Rechtsuchenden bei diesen Gerichten einem festumgrenzten, aber immerhin ihrem Umfange nach beschränkten Personenkreise entstammten, die ihrer sozialen Stellung nach gleiche Zwecke und Ziele verfolgten und aus denen auch die Beisitzer der Gerichte hervorgingen, war auch durch Errichtung von Fachkammern, die bis dahin auch nur in beschränktem Maße erforderlich wurden, vollkommen der Anforderung an Sachverständigkeit Genüge getan. Bei der Verschiedenartigkeit der bei den Arbeitsgerichten rechtsuchenden Personen wird sich die Gleichartigkeit der Parteien aber in bezug auf Berufs- und Sachkenntnis ebensowenig wie die Errichtung von Fach- und Berufskammern, abgesehen von Gerichten in den allergrößten Städten, kaum durchführen lassen. Es werden daher in den einzelnen Kammern notgedrungen auch Beisitzer aus anderen Berufen als aus denen der vor ihnen stehenden Parteien amtieren, die ohne Sach- und Fachkenntnis qualitativ Schöffen gleichstehen. Für die heute immer komplizierter werdende Rechtsprechung in Zivilsachen dürfte aber die bloße Unbefangenheit und der sogenannte gesunde Menschenverstand nicht ausreichen. Zweifellos ist eins der wichtigsten Momente für das Vertrauen zu den bisherigen Sondergerichten die Zuziehung des Laienelementes gewesen. Die Vorzüge desselben lagen aber eben nur in ihrer Sachverständigkeit bezüglich der tatsächlichen, nicht der rechtlichen Beurteilung der Rechtsstreite.

Noch eins mag hier Erwähnung finden. Der Ausschluß der Rechtsanwälte. Das Für und Wider ist vielleicht zu persönlich vom Standpunkte der Interessenten und zu wenig vom praktischen Standpunkte aus gewertet worden. Es mangelt hier der Raum, um zu den einzelnen Fragen

Stellung nehmen zu können. Nur soviel sei gesagt, daß dieser absolute Ausschluß der vom Gesetz berufenen Gerichtsvertreter von Parteien in der geschehenen Form vielleicht doch übereilt war und in der Praxis Nachteile zeitigen kann, die gerade die sozial Schwächeren treffen dürften. Nachdem die örtliche Zuständigkeit der Arbeitsgerichte gegenüber derjenigen der bisherigen Sondergerichte sich nach den Bestimmungen der Zivilprozeßordnung regelt und die Gerichtsstände daher zahlreicher geworden sind, werden sich die Fälle bedeutend mehren, daß eine der Parteien aus Mangel an Zeit und Geld persönlich vor Gericht nicht erscheinen kann. Bei der beschränkten Möglichkeit, einen Prozeßvertreter zu finden, werden daher sehr viel mehr Klagen, als dies schon früher geschah, nicht erhoben oder nicht weiter verfolgt werden oder es wird ungerechten Ansprüchen nicht entgegengetreten werden, zumal durch den Ausschluß der Anwälte Vertreter auf Grund der Gewährung des Armenrechts nicht vorhanden sind. Vielleicht hätte man doch hier einen Mittelweg ev. durch beschränkte Zulassung von Rechtsanwälten finden können.

Nach alledem kann man zurzeit ein abschließendes Urteil über das Arbeitsgerichtsgesetz noch nicht fällen. Man wird abwarten müssen, wie es sich in der Praxis auswirken wird, ob alle die Wünsche und Hoffnungen, die sich an die neuen Einrichtungen knüpfen, erfüllen werden und besonders ob die Neuregelung dem Rechtsempfinden der Allgemeinheit entsprechen wird.

Arbeitsgerichtsgesetz.

Vom 23. Dezember 1926 (RGBl. I S. 507).

Der Reichstag hat das folgende Gesetz beschlossen, das mit Zustimmung des Reichsrats hiermit verkündet wird:

Erster Teil.

Allgemeine Bestimmungen.

§ 1. Arbeitsgerichtsbehörden.

Die Gerichtsbarkeit in Arbeitssachen (§§ 2 und 3) liegt den Arbeitsgerichtsbehörden ob.

Arbeitsgerichtsbehörden sind:

1. die Arbeitsgerichte (§§ 14 bis 32),
2. die Landesarbeitsgerichte (§§ 33 bis 39),
3. das Reichsarbeitsgericht (§§ 40 bis 45).

§ 2. Zuständigkeit.

Die Arbeitsgerichte sind unter Ausschluß der ordentlichen Gerichte ohne Rücksicht auf den Wert des Streitgegenstandes zuständig:

1. für bürgerliche Rechtsstreitigkeiten zwischen Tarifvertragsparteien oder zwischen diesen und Dritten aus Tarifverträgen oder über das Bestehen oder Nichtbestehen von Tarifverträgen und für bürgerliche Rechtsstreitigkeiten zwischen tarifvertragsfähigen Parteien

oder zwischen diesen und Dritten aus unerlaubten Handlungen, sofern es sich um Maßnahmen zu Zwecken des Arbeitskampfes oder um Fragen der Vereinigungsfreiheit handelt;

2. für bürgerliche Rechtsstreitigkeiten zwischen Arbeitgebern und Arbeitnehmern aus dem Arbeits- oder Lehrverhältnis, über das Bestehen oder Nichtbestehen eines Arbeits- oder Lehrvertrags, aus Verhandlungen über die Eingehung eines Arbeits- oder Lehrverhältnisses und aus dessen Nachwirkungen sowie für bürgerliche Rechtsstreitigkeiten aus unerlaubten Handlungen, soweit diese mit dem Arbeits- oder Lehrverhältnis im Zusammenhange stehen; ausgenommen sind Streitigkeiten, deren Gegenstand die Erfindung eines Arbeitnehmers bildet, soweit es sich nicht nur um Ansprüche auf eine Vergütung oder Entschädigung für die Erfindung handelt, und Streitigkeiten der nach § 481 des Handelsgesetzbuchs zur Schiffsbesatzung gehörenden Personen;

3. für bürgerliche Rechtsstreitigkeiten zwischen Arbeitnehmern aus gemeinsamer Arbeit und aus unerlaubten Handlungen, soweit diese mit dem Arbeits- oder Lehrverhältnis im Zusammenhange stehen;

4. für bürgerliche Rechtsstreitigkeiten zwischen Arbeitgebern und Arbeitnehmern aus den §§ 86, 87 des Betriebsrätegesetzes;

5. in folgenden Fällen des Betriebsrätegesetzes:

für die Entscheidung über das Erlöschen der Mitgliedschaft in Betriebsvertretungen (§§ 39, 56 Abs. 2, § 60),

für die Entscheidung über die Auflösung von Betriebsvertretungen (§§ 41, 44, § 56 Abs. 2),

für die Berufung vorläufiger Betriebsvertretungen (§ 43 Abs. 2, § 44 Abs. 4, § 56 Abs. 2, § 60),

für die Entscheidung über Bildung und Auflösung gemeinsamer Betriebsvertretungen (§§ 52, 53),

für die Festsetzung von Strafen nach § 134b der Gewerbeordnung (§ 80 Abs. 2),

für die Entscheidung über das Vorliegen eines Verstoßes gegen vereinbarte Richtlinien über die Einstellung von Arbeitnehmern (§§ 82, 83),

für die Entscheidung von Streitigkeiten über die Errichtung, Zusammensetzung und Tätigkeit von Betriebsvertretungen und aus Wahlen zu ihnen (§ 93),

für die Ersetzung der Zustimmung von Betriebsvertretungen zur Kündigung oder Versetzung ihrer Mitglieder (§§ 97, 98).

Die im Abs. 1 Nr. 1 bis 4 begründete Zuständigkeit besteht auch in den Fällen, in denen der Rechtsstreit durch einen Rechtsnachfolger oder durch eine Person geführt wird, die kraft Gesetzes an Stelle der ursprünglichen Partei hierzu befugt ist.

Zu Ziff. 2 (§ 481 HGB.):

§ 481. Zur Schiffsbesatzung werden gerechnet der Schiffer, die Schiffsoffiziere, die Schiffsmannschaft sowie alle übrigen auf dem Schiffe angestellten Personen.

Zu Ziff. 5 (Betriebsrätegesetz):

§ 81. Die gemäß § 78 Ziff. 8 vereinbarten Richtlinien müssen die Bestimmung enthalten, daß die Einstellung eines Arbeitnehmers nicht von seiner politischen, militärischen, konfessionellen oder gewerkschaftlichen Betätigung, von der Zugehörigkeit oder Nichtzugehörigkeit zu einem politischen, konfessionellen oder beruflichen Verein oder einem militärischen Verband abhängig gemacht werden darf. Sie dürfen nicht bestimmen, daß die Einstellung von der Zugehörigkeit zu einem bestimmten Geschlecht abhängig sein soll.

Die Vorschriften des Abs. 1 gelten nicht für die im § 67 genannten Betriebe, soweit die Eigenart ihrer Bestrebungen es bedingt.

Einstellungen, die auf einer gesetzlichen, tarifvertraglichen oder durch Urteil des Arbeitsgerichts oder durch Schiedsspruch eines Schiedsgerichts auferlegten Verpflichtung beruhen, gehen den Richtlinien in jedem Falle vor.

Im Rahmen der Richtlinien hat über Einstellung des einzelnen Arbeitnehmers der Arbeitgeber allein ohne Mitwirkung oder Aufsicht des Arbeiterrats oder Angestelltenrats zu entscheiden.

§ 78. Der Arbeiterrat und der Angestelltenrat oder, wo ein solcher nicht besteht, der Betriebsrat, hat die Aufgabe,

Ziff. 1—7.

8. soweit eine tarifliche Regelung nicht besteht, nach Maßgabe der §§ 81—83 mit dem Arbeitgeber Richtlinien über die Einstellung von Arbeitnehmern der Gruppe in den Betrieb zu vereinbaren.

§ 67. Auf Betriebe, die politischen, gewerkschaftlichen, militärischen, konfessionellen, wissenschaftlichen, künstlerischen und ähnlichen Bestrebungen dienen, findet § 66 Ziff. 1 und 2 keine Anwendung, soweit die Eigenart dieser Bestrebungen es bedingt.

§ 66. Der Betriebsrat hat die Aufgabe:

1. in Betrieben mit wirtschaftlichen Zwecken die Betriebsleitung durch Rat zu unterstützen, um dadurch mit ihr für einen möglichst hohen Stand und für möglichste Wirtschaftlichkeit der Betriebsleistungen zu sorgen;
2. in Betrieben mit wirtschaftlichen Zwecken an der Einführung neuer Arbeitsmethoden fördernd mitzuarbeiten.

§ 82. Wird gegen die vereinbarten Richtlinien verstoßen, so kann der Arbeiterrat oder Angestelltenrat[1]) binnen fünf[2]) Tagen nach Kenntnis von dem Verstoße, jedoch nicht später als vierzehn[2]) Tage nach dem Dienstantritt, Einspruch erheben[3]).

Die Gründe für den Einspruch und die Beweisunterlagen sind vom Arbeiterrat oder Angestelltenrat bei den Verhandlungen mit dem Arbeitgeber vorzubringen.

Wird bei diesen Verhandlungen eine Einigung nicht erzielt, so kann der Arbeiterrat oder Angestelltenrat binnen drei Tagen[2]) nach Beendigung der Verhandlungen das Arbeitsgericht anrufen[4]).

Der Einspruch gegen die Einstellung und die Anrufung des Arbeitsgerichts hat keine aufschiebende oder auflösende Wirkung.

[1]) Nur der Arbeiter- oder Angestelltenrat (sog. Gruppenrat), nicht dagegen der Betriebsrat, der Betriebsobmann oder gar der betreffende Angestellte kann den Einspruch erheben.

[2]) Die Fristen sind Ausschlußfristen und können vertraglich nicht verlängert werden. Berechnung nach §§ 187, 188 BGB. Gegen die Versäumung der Frist ist nur die Wiedereinsetzung in den vorigen Stand gegeben. (Siehe § 90 BRG.) Die drei-

tägige Frist im Abs. 3 beginnt nach Beendigung der Verhandlungen; der Tag der Beendigung derselben wird nicht mitgerechnet. Eine Frist für die Dauer der Verhandlungen ist nicht bestimmt.

[3]) Der Einspruch ist beim Arbeitgeber schriftlich oder mündlich zu erheben. Daß auch die Gründe schon bei der Erhebung des Einspruchs angegeben werden müssen, ist nicht zwingende Voraussetzung.

[4]) Alle Voraussetzungen für den bis zur Anrufung des Gerichts vorgeschriebenen Beschwerdeweg müssen ausnahmslos erfüllt sein und sind von Amts wegen zu prüfen. Z. B. bewirkt der verspätet eingelegte Einspruch auch dann Unzulässigkeit der Klage, wenn sich der Arbeitgeber trotz Kenntnis der Verspätung auf Verhandlungen eingelassen hat. Nur die Gründe, die Gegenstand der Verhandlungen waren, sind bei der Klage zu berücksichtigen.

§ 83. Geht die Entscheidung des Arbeitsgerichts dahin, daß ein Verstoß gegen die vereinbarten Richtlinien vorliegt, so kann darin zugleich ausgesprochen werden, daß das Dienstverhältnis des Eingestellten als mit dem Eintritt der Rechtskraft der Entscheidung unter Einhaltung der gesetzlichen Kündigungsfrist gekündigt gilt[1]).

[1]) Der Urteilstenor lautet entweder dahin: der Einspruch ist unbegründet, die Klage wird abgewiesen oder der Einspruch ist begründet, die Einstellung des Arbeitnehmers ist unzulässig. Da aus einem derartigen Urteil die Zwangsvollstreckung nicht möglich ist, hat das Gesetz aus Zweckmäßigkeitsgründen vorgesehen, daß das Gericht zugleich aussprechen kann (nicht muß), daß das Dienstverhältnis des Eingestellten als mit dem Eintritt der Rechtskraft der Entscheidung unter Einhaltung der gesetzlichen (nicht vertraglichen) Kündigungsfrist gekündigt gilt.

§ 84. Arbeitnehmer können im Falle der Kündigung[1]) seitens des Arbeitgebers binnen fünf Tagen nach der Kündigung Einspruch erheben, indem sie den Arbeiter- oder Angestelltenrat[2]) anrufen:

1. wenn der begründete Verdacht vorliegt, daß die Kündigung wegen der Zugehörigkeit zu einem bestimmten Geschlechte, wegen politischer, militärischer, konfessioneller oder gewerkschaftlicher Betätigung oder wegen Zugehörigkeit oder Nichtzugehörigkeit zu einem politischen, konfessionellen oder beruflichen Verein oder einem militärischen Verband erfolgt ist;
2. wenn die Kündigung ohne Angabe von Gründen erfolgt ist[3]);
3. wenn die Kündigung deshalb erfolgt ist, weil der Arbeitnehmer sich weigerte, dauernd andere Arbeit als die bei der Einstellung vereinbarte zu verrichten;
4. wenn die Kündigung sich als eine unbillige, nicht durch das Verhalten des Arbeitnehmers oder durch die Verhältnisse des Betriebs bedingte Härte darstellt.

Erfolgt die Kündigung fristlos aus einem Grunde, der nach dem Gesetz zur Kündigung des Dienstverhältnisses ohne Einhaltung einer Kündigungsfrist berechtigt, so kann der Einspruch auch darauf gestützt werden, daß ein solcher Grund nicht vorliegt[4]).

[1]) Nur im Falle der Kündigung. Voraussetzung für die Anwendbarkeit des § 84 ist also, daß ein der Kündigung unterliegendes Arbeitsverhältnis vorliegt. Der Zeit nach fest bestimmte Vertragsverhältnisse z. B. für die Saison, Lehrverträge, Abkommen über Notstandsarbeiten fallen nicht hierunter.

[2]) Nur der Gruppenrat kann angerufen werden, niemals der Betriebsrat oder Betriebsobmann. Ist ein Gruppenrat nicht vorhanden, so ist ein Verfahren nach §§ 84 ff. ausgeschlossen. Anderseits ist die Ausschließung der Rechte des Arbeitnehmers aus §§ 84 ff. durch Vertrag wirkungslos.

Die fünftägige Frist im Abs. 1 ist Ausschlußfrist. S. hierüber Anm. 2 zu § 82. Über die Berechnung der Fristen s. auch Anm. 1 zu § 86. Der Einspruch kann auch mündlich erhoben werden.

[3]) Die spätere Angabe von Gründen dürfte genügen. Für den Arbeitgeber wird es sich zwar empfehlen, dem An-

gestellten die Gründe der Kündigung alsbald mitzuteilen, weil er sich sonst der Gefahr eines Einspruchsverfahrens aussetzt. Für die Entscheidung aber, ob eine Kündigung gerechtfertigt ist oder nicht, kann nur von Einfluß sein, ob ein wirklicher Grund zur Zeit der Kündigung bestanden hat. Wenn diese Tatsache vor dem Arbeitsgericht nachgewiesen wird, muß nach diesſ. Ansicht der Einspruch zurückgewiesen werden. Der Arbeitnehmer kann durch den Einspruch lediglich den Arbeitgeber zwingen, den Kündigungsgrund anzugeben. Es entspricht aber nicht dem Sinn und dem Zweck des § 84, daß aus einem rein formellen Grunde, weil die Angabe der Gründe unterblieben ist, eine an und für sich gerechtfertigte Kündigung für ungültig erklärt werden sollte. Siehe auch Dersch S. 259, Anm. zu § 84.

[4]) Hiernach kann der Einspruch außer auf die Gründe Abs. 1 Ziff. 1—4 auch darauf gestützt werden, daß ein gesetzlicher Grund zur fristlosen Entlassung nicht vorliegt. Das Arbeitsgericht hat also zunächst über diesen Grund sich schlüssig zu machen. Wird ein Grund zur fristlosen Entlassung festgestellt, so ist damit jeder weitere Einspruch auch bzgl. einer Kündigung im Sinne des Abs. 1 Ziff. 1—4 unbegründet. Wird die fristlose Entlassung nicht für gerechtfertigt erklärt, so ist, falls es beantragt war, weiter zu prüfen, ob der Einspruch gegen die Kündigung im Sinne Abs. 1 Ziff. 1—4 begründet ist. Hierbei ist davon auszugehen, daß jede fristlose Entlassung auch gleichzeitig eine Kündigung enthält, so daß bei Ungültigkeit der fristlosen Entlassung immer noch die Kündigung bestehen bleibt.

§ 85. Das Recht des Einspruchs nach § 84 Ziff. 1 gilt nicht für die im § 67 genannten Betriebe, soweit die Eigenart ihrer Bestrebungen es bedingt[1]).

Das Recht des Einspruchs besteht nicht

1. bei Entlassungen, die auf einer gesetzlichen oder tarifvertraglichen oder durch Beschluß des Arbeitsgerichts auferlegten Verpflichtung beruhen;
2. bei Entlassungen, die durch gänzliche oder teilweise Stillegung des Betriebes erforderlich werden[2]).

[1]) Dazu Dersch, Anm. 1a zu § 85.

§ 81 Abs. 2 findet hier ebenfalls sinngemäße Anwendung.

[2]) Das Arbeitsgericht hat nicht darüber zu entscheiden, ob die gänzliche oder teilweise Stillegung erforderlich war. Ebensowenig kommt es auf die Dauer der Stillegung an. Darüber, wann teilweise Stillegung vorliegt, herrscht keine einige Meinung. Die Mehrzahl nimmt eine solche nur an, wenn ein wirklicher Teil des Betriebes aussetzt. Gegenteilige Ansicht wird vertreten und äußert sich dahin, daß auch erhebliche Verringerung des Personals als teilweise Stillegung angesehen werden könne. Nach dem Wortlaut des Gesetzes ist zweifellos die allgemeine Ansicht zutreffend, indessen muß zugegeben werden, daß erhebliche Verringerungen des Personals nicht immer notwendigerweise in demselben Maße Einschränkungen des Betriebes mit sich bringen, so daß sich auch Fälle denken lassen, die, ohne einen Teil des Betriebes direkt stillzulegen, im Effekt einer teilweisen Stillegung gleichkommen. Die letztere Ansicht führt hierfür als Beispiel einheitliche Betriebe an, die nicht in einzelne nebeneinander arbeitende Abteilungen zu trennen sind. Das richtige ist wohl, den Tatbestand des Einzelfalles entscheiden zu lassen.

§ 86. Bei der Anrufung müssen die Gründe des Einspruchs dargelegt und die Beweise ihrer Berechtigung vorgebracht werden. Erachtet der Arbeiterrat oder Angestelltenrat die Anrufung für begründet, so hat er zu versuchen, durch Verhandlungen eine Verständigung mit dem Arbeitgeber herbeizuführen. Gelingt diese Verständigung binnen einer Woche nicht, so kann der Arbeiter- oder Angestelltenrat oder der betroffene Arbeitnehmer binnen weiteren fünf Tagen das Arbeitsgericht anrufen[1])[2]).

Der Einspruch gegen die Kündigung und die Anrufung des Arbeitsgerichts haben keine aufschiebende Wirkung.

[1]) § 86 Abs. 1 regelt den beim Einspruchsverfahren zu beobachtenden Beschwerdeweg. Zunächst ist hervorzuheben, daß dieser Weg streng formalistisch einzuhalten ist und daß jede Abweichung davon und jede Unterlassung einer Vorschrift die Unzulässigkeit dieses Verfahrens zur Folge hat. Z. B. wenn Verständigungsverhandlungen (siehe nachstehend) seitens des Gruppenrats gar nicht versucht worden sind. Das Arbeitsgericht

hat alle Voraussetzungen und die Einhaltung der Fristen von Amts wegen zu prüfen. Entgegenstehende vertragliche Abmachungen sind unzulässig und unbeachtlich.

Hiernach kann also der Arbeitnehmer binnen 5 Tagen, beginnend vom folgenden Tage nach dem Tage, an welchem ihm die Kündigung mündlich oder schriftlich (§§ 130 ff. BGB.) zugegangen ist, beim Gruppenrat (Anm. 2 zu § 84) Einspruch erheben. Dieser hat darauf die Gründe des Einspruchs zu prüfen. Erachtet er die Anrufung für unbegründet, so entfällt damit jede weitere Möglichkeit, das Einspruchsverfahren fortzusetzen. Andernfalls beginnt anschließend an den Tag der Anrufung des Gruppenrats, spätestens an den Ablauf der obigen 5 Tage die einwöchige Frist, innerhalb deren der Gruppenrat eine Verständigung mit dem Arbeitgeber herbeiführen kann. Kommt diese Einigung nicht zustande, so kann der Gruppenrat oder der Arbeitnehmer binnen weiteren 5 Tagen (Berechnung siehe nachstehend) die Klage beim Arbeitsgericht erheben.

Hierbei ist zu bemerken, daß die Initiative zur Fortführung des Verfahrens in jeder Lage bei dem Arbeitnehmer verbleibt. Er ist jederzeit befugt, auch gegen den Willen des im eigenen Namen klagenden Gruppenrates die Einstellung des Verfahrens bzw. die Rücknahme der Klage zu bewirken. Bestritten ist, wann die 5tägige Frist für die Klageerhebung beginnt. Ein Teil nimmt an, daß dies erst unmittelbar nach Ablauf der einwöchigen Verhandlungsfrist geschieht. Diesseitiger Ansicht nach beginnt diese Frist, falls vor dem letzten Tage der einwöchigen Verhandlungsfrist eine Einigung zwischen Arbeitgeber und Gruppenrat endgültig nicht zustande kommt, mit dem Tage nach dem Tage, an dem die Verhandlungen endgültig gescheitert sind. Dies ist auch aus dem Wortlaut des Gesetzes zu folgern, wenn man die Worte „weiteren fünf Tagen" richtig auf das Wort „Verständigung" bezieht. Das Verfahren soll nach seinem Zweck so schnell wie möglich durchgeführt werden und muß sich daher wie auch im § 82 Abs. 3 so eng wie möglich zusammenschließen. Wenn auch für die Verhandlungen eine Höchstzeit von 1 Woche bewilligt worden ist, so ist nicht einzusehen, warum nach endgültigem Abschluß der Verhandlungen noch ungenützte Zeit verstreichen, dem Klagenden eine ohne jede Berechtigung vergrößerte Frist zur Klageerhebung gewährt und dem Arbeitgeber ein Schade verursacht werden soll. Der hier gemachte Einwand, daß nach Abbruch innerhalb der einwöchigen Frist die Verhandlungen bis zum Ablauf derselben noch nicht wieder aufgenommen werden könnten, ist nicht überzeugend, weil die Feststellung der Einhaltung der Fristen erst nach Ablauf der Woche durch das Arbeitsgericht erfolgt.

Die rechtliche Stellung des klagenden Gruppenrats ist zweifelhaft. Er ist nicht Vertreter der Angestellten, denn er klagt im eigenen Namen, allerdings ohne Rechtspersönlichkeit zu besitzen, anderseits hat der Angestellte jederzeit auch gegen seinen Willen bestimmenden Einfluß auf das Verfahren. Der klagende Gruppenrat muß im Rubrum als Kläger aufgeführt werden. Nur die Ausfertigung zum Zwecke der Zwangsvollstreckung geschieht für den Kläger.

Zur Erhebung der Klage und Vornahme von Prozeßhandlungen ist der sich ausweisende Vorsitzende des Gruppenrates ohne besondere Vollmacht befugt (§§ 28, 38 BRG.). Die übrigen Mitglieder des Gruppenrats bedürfen einer schriftlichen Vollmacht zur Vertretung, und zwar ausgestellt durch den Gruppenrat.

[2]) Aussetzung ist am Sinne des bisherigen Abs. 2 nicht mehr zulässig, da dieser durch § 112 Ziff. 7 Nr. 7 AGG. gestrichen worden ist. Sie kann jetzt nur noch auf Grund des § 148 ZPO. erfolgen.

§ 87. Geht das Urteil des Arbeitsgerichts[1]) dahin, daß der Einspruch gegen die Kündigung gerechtfertigt ist, so ist zugleich für den Fall, daß der Arbeitgeber die Weiterbeschäftigung ablehnt, ihm eine Entschädigungspflicht aufzuerlegen[2]). Die Entschädigung bemißt sich nach der Zahl der Jahre[3]), während derer der Arbeitnehmer in dem Betrieb insgesamt beschäftigt war, und darf für jedes Jahr bis zu einem Zwölftel des letzten Jahresarbeitsverdienstes festgesetzt werden, jedoch im ganzen nicht über sechs Zwölftel hinausgehen. Die einzelnen Bestandteile des Jahresarbeitsverdienstes sind mit einem Betrag in Ansatz zu bringen, der der zur Zeit der Entscheidung maßgebenden Lohn- oder Gehaltshöhe der Berufsgruppe entspricht[4]).

Dabei ist sowohl auf die wirtschaftliche Lage des Arbeitnehmers, als auch auf die wirtschaftliche Leistungsfähigkeit des Arbeitgebers angemessene Rücksicht zu nehmen.

Innerhalb dreier Tage nach der Zustellung des Urteils an ihn hat der Arbeitgeber dem Arbeitnehmer mündlich oder durch Aufgabe zur Post zu erklären, ob er die Weiterbeschäftigung oder die Entschädigung wählt. Erklärt er sich nicht, so gilt die Weiterbeschäftigung als abgelehnt.

Kommt der Arbeitgeber mit der Zahlung der Entschädigung in Verzug, so hat er dem Arbeitnehmer auch den durch die Geldentwertung entstehenden Schaden zu ersetzen[4]).

[1]) Über die Erfordernisse der Klageschrift s. § 253 Abs. 2 Ziff. 1 und 2 ZPO. (vgl. Urteil des LG. I vom 6. Juni 1922 (23 S. 49/22).

Über die Form des Urteils, falls der Gruppenrat die Klage erhoben hat, s. Anm. 2 zu § 86. Der Urteilstenor lautet: der Einspruch ist unbegründet, die Klage wird abgewiesen, oder der Einspruch ist begründet, Beklagter wird verurteilt, den Kläger wieder einzustellen oder im Ablehnungsfalle ihm ... M. zu zahlen.

[2]) Entschädigung bei fristloser Entlassung und Anspruch auf Lohn während der Kündigungsfrist bestehen nebeneinander, wenn kein wichtiger Grund für die fristlose Entlassung vorlag. Ebenso Urteil des GG. Berlin Nr. 966/22 K 12 v. 30. Januar 1923 und Urteil des LG. I Berlin v. 6. Juli 1922 (23 S. 49/22), a. A. RG. v. 24. Juni 1922 (Mitteilungs-Bl. d. SchlA. Groß-Berlin, 4. Jg., S. 231ff., wo auch das erwähnte LG.-Urteil abgedruckt ist.)

[3]) Streitig ist, ob die Entschädigungssumme auch an Arbeitnehmer zu zahlen ist, die unter einem Jahr im Betriebe sind. Man wird letzteres wohl zweckmäßig annehmen (dafür ist auch Dersch, Anm. VII zu § 87, Feig u. Sitzler, Anm. 3 zu § 87, Flatow, Anm. 5 und 6 zu § 87, Rohrbeck, Anm. 4 zu § 87.

[4]) Dieser Satz bzw. Abs. ist neu eingefügt durch Gesetz, betr. Anpassung des § 87 BRG. an die Geldentwertung vom 29. April 1923 (RGBl. I S. 258).

§ 88. Der Arbeitgeber ist im Falle der Weiterbeschäftigung verpflichtet, dem Arbeitnehmer, falls inzwischen die Entlassung erfolgt war, für die Zeit zwischen der Entlassung und der Weiterbeschäftigung Lohn oder Gehalt zu gewähren. § 615 Satz 2 des Bürgerlichen Gesetzbuchs findet entsprechend Anwendung. Der Arbeitgeber kann ferner öffentlich-rechtliche Leistungen, die der Arbeitnehmer aus Mitteln der Erwerbslosen- oder Armenfürsorge in der Zwischenzeit erhalten hat, zur Anrechnung bringen und muß diese Beträge der leistenden Stelle zurückerstatten.

§ 89. Der Arbeitnehmer ist berechtigt, falls er inzwischen einen neuen Dienstvertrag abgeschlossen hat, die Weiterbeschäftigung bei dem früheren Arbeitgeber zu verweigern. Er hat hierüber unverzüglich nach Empfang der im § 87 Abs. 3 vorgesehenen Erklärung des Arbeitgebers, spätestens aber drei Tage danach dem Arbeitgeber mündlich oder durch Aufgabe zur Post eine Erklärung abzugeben. Erklärt er sich nicht, so erlischt das Recht der Verweigerung. Macht er von seinem Verweigerungsrechte Gebrauch, so ist ihm, falls inzwischen die Entlassung erfolgt war, Lohn oder Gehalt nur für die Zeit zwischen der Entlassung und dem Tage der Urteilsfällung zu gewähren. § 88 Satz 2 und 3 findet entsprechende Anwendung.

§ 90. Wird in den Fällen der §§ 81 bis 89 die Einhaltung der Fristen[1]) durch Naturereignisse oder andere unabwendbare Zufälle verhindert, so findet Wiedereinsetzung in den vorigen Stand nach näherer Vorschrift der Ausführungsbestimmungen[2]) statt.

[1]) Über Fristen s. Anm. 2 zu § 82.

Über „unabwendbarer Zufall" s. Sydow, Anm. 2 zu § 233 ZPO.

[2]) Ausführungsbestimmung ist ergangen durch VO. vom 5. Juni 1920 (RGBl. S. 1139). Hiernach findet die Wiedereinsetzung jetzt durch das Arbeitsgericht statt. Der Antrag muß innerhalb einer zweiwöchigen Frist gestellt werden. Die Frist

beginnt mit dem Tage, an welchem das Hindernis gehoben ist. Nach Ablauf von einem Monat von dem Ende der versäumten Frist an gerechnet, kann die Wiedereinsetzung nicht mehr beantragt werden. Der Antrag auf Wiedereinsetzung muß enthalten:

1. die Angabe der die Wiedereinsetzung begründenden Tatsachen;
2. die Angabe der Mittel für deren Glaubhaftmachung;
3. im Falle des § 82 Abs. 3 und des § 86 Abs. 1 die versäumte Anrufung.

Wird dem Antrag auf Wiedereinsetzung stattgegeben, so ist im Falle des § 82 Abs. 3 und § 86 Abs. 1 zugleich das Verfahren fortzuführen. In den übrigen Fällen ist die versäumte Erklärung binnen zwei Tagen abzugeben, soweit sie nicht bereits abgegeben ist. Eine Wiedereinsetzung gegen eine nochmalige Versäumung findet nicht statt.

Zu Ziff. 4 und 5 BRG.:

§ 39. Die Mitgliedschaft im Betriebsrat[1]) erlischt durch Niederlegung, durch Beendigung des Arbeitsvertrags oder durch Verlust der Wählbarkeit.

Auf Antrag des Arbeitgebers oder von mindestens einem Viertel der wahlberechtigten Arbeitnehmer kann das Arbeitsgericht das Erlöschen der Mitgliedschaft eines Vertreters wegen gröblicher Verletzung seiner gesetzlichen Pflichten beschließen.

Das Erlöschen der Mitgliedschaft im Betriebsrat hat das Erlöschen der Mitgliedschaft im Arbeiter- und Angestelltenrat zur Folge.

[1]) Findet auch auf den Betriebsobmann Anwendung (§ 60 BRG.).

§ 41. Auf Antrag des Arbeitgebers oder von mindestens einem Viertel der wahlberechtigten Arbeitnehmer kann das Arbeitsgericht die Auflösung des Betriebsrats wegen gröblicher Verletzung seiner gesetzlichen Pflichten beschließen.

[1]) Das Arbeitsgericht urteilt nach freiem Ermessen.

§ 44. Auf das Erlöschen der Mitgliedschaft im Arbeiterrat und Angestelltenrate finden die §§ 39 bis 41 entsprechende Anwendung.

Das Erlöschen der Mitgliedschaft im Arbeiterrat oder Angestelltenrate hat das Erlöschen der Mitgliedschaft im Betriebsrat zur Folge.

Sinkt die Zahl der Ergänzungsmitglieder und der Ersatzmitglieder für sie unter die vorschriftsmäßige Zahl (§ 15 Abs. 4); so findet dennoch keine Neuwahl statt.

Ist der Arbeiterrat oder Angestelltenrat aufgelöst oder zurückgetreten, so findet eine Neuwahl der gleichzeitig dem Betriebsrat angehörigen Mitglieder und der Ergänzungsmitglieder in der bisherigen Anzahl für den Rest der Wahlzeit des Betriebsrats statt. § 43 findet entsprechende Anwendung.

§ 43. Ist eine Neuwahl des gesamten Betriebsrats notwendig, so bleiben die Mitglieder des alten Betriebsrats so lange im Amte, bis der neue gebildet ist.

Im Falle des § 41 kann das Arbeitsgericht einen vorläufigen Betriebsrat berufen.

§ 52. Ein Einzelbetriebsrat oder der Arbeitgeber kann beantragen, daß an die Stelle des Gesamtbetriebsrats ein oder mehrere gemeinsame Betriebsräte treten, wenn hierdurch ohne Schädigung der Interessen der Arbeitnehmer eine wesentliche Vereinfachung des Geschäftsganges eintreten würde. Über den Antrag entscheidet, wenn nicht übereinstimmende Beschlüsse der Einzelbetriebsräte zustande kommen, das Arbeitsgericht.

Die wahlberechtigten Arbeitnehmer eines jeden der zusammengeschlossenen Betriebe können durch einen Mehrheitsbeschluß, der spätestens sechs Wochen vor Ablauf der Wahlzeit des gemeinsamen Betriebsrats zu fassen ist, die Auflösung beantragen. Über den Antrag entscheidet, wenn nicht übereinstimmende Beschlüsse in allen Betrieben gefaßt werden, das Arbeitsgericht.

§ 53. Die Bestimmungen der §§ 50 bis 52 finden auf die Betriebe der Gemeinden und Gemeindeverbände Anwendung, auch wenn sie nicht nach dem Betriebszweck zusammengehören, auf die Betriebe anderer öffentlicher Körperschaften nur, soweit sie dem gleichen Dienstzweig angehören.

§ 56. Die Wahl des Gesamtbetriebsrats erfolgt auf die Dauer von einem Jahre.

Die §§ 39, 41 bis 43 finden auf das Erlöschen der Mitgliedschaft im Gesamtbetriebsrat entsprechende Anwendung.

Ausscheiden eines Mitglieds aus dem Gesamtbetriebsrate hat das Ausscheiden des Mitglieds aus dem Einzelbetriebsrate zur Folge. Das gleiche gilt im umgekehrten Falle.

In beiden Fällen tritt an die Stelle des Ausgeschiedenen sein Ersatzmitglied im Einzelbetriebsrate.

§ 60. Auf das Erlöschen der Stellung als Betriebsobmann finden § 39 Abs. 1 und 2, § 43 entsprechende Anwendung.

§ 62. Ein Betriebsrat ist nicht zu errichten oder hört zu bestehen auf, wenn seiner Errichtung oder seiner Tätigkeit nach der Natur des Betriebs besondere Schwierigkeiten entgegenstehen und auf Grund eines für allgemein verbindlich erklärten Tarifvertrags eine andere Vertretung der Arbeitnehmer des Betriebs besteht oder errichtet wird. Diese Vertretung hat die in diesem Gesetze dem Betriebsrat übertragenen Aufgaben und Befugnisse.

Bei Ablauf eines solchen Tarifvertrags bleibt die nach Abs. 1 errichtete Vertretung solange in Tätigkeit, bis ein neuer Tarifvertrag abgeschlossen und für allgemein verbindlich erklärt oder ein gesetzlicher Betriebsrat gewählt ist.

§ 63. Ist ein Antrag auf Erklärung der allgemeinen Verbindlichkeit eines Tarifvertrags gestellt, so kann das Reichsarbeitsministerium auf Antrag der Antragsberechtigten (§ 3 der Verordnung vom 23. Dezember 1918, Reichsgesetzbl. S. 1456) die Aussetzung der Wahl der Betriebsräte innerhalb des Geltungsbereichs des Tarifvertrags bis zur Entscheidung über die Verbindlichkeit anordnen.

§ 80. Sollen gemäß § 78 Ziff. 3 Arbeitsordnungen oder sonstige Dienstvorschriften für eine Gruppe der Arbeitnehmer vereinbart werden, so findet § 75 entsprechende Anwendung.

Die im § 134 b Ziff. 4 der Gewerbeordnung vorgesehene Festsetzung von Strafen erfolgt durch den Arbeitgeber gemeinsam mit dem Arbeiterrat oder Angestelltenrat. In Streitfällen entscheidet das Arbeitsgericht.

Ist die geltende Arbeitsordnung vor dem 1. Januar 1919 erlassen, so ist binnen drei Monaten nach Inkrafttreten dieses Gesetzes eine neue Arbeitsordnung zu erlassen.

§ 134 b GO. Die Arbeitsordnung muß Bestimmungen enthalten:

4. sofern Strafen vorgesehen werden, über die Art und Höhe derselben, über die Art ihrer Festsetzung und, wenn sie in Geld bestehen, über deren Einziehung und über den Zweck, für welchen sie verwendet werden sollen;

§ 93. Das Arbeitsgericht entscheidet bei Streitigkeiten über

1. die Notwendigkeit der Errichtung, die Bildung und Zusammensetzung einer Betriebsvertretung im Sinne dieses Gesetzes;
2. Wahlberechtigung oder Wählbarkeit eines Arbeitnehmers;
3. Einrichtung, Zuständigkeit und Geschäftsführung der Betriebsvertretungen und der Betriebsversammlung;
4. die Notwendigkeit von Geschäftsführungskosten der Betriebsvertretungen;
5. alle Streitigkeiten, die sich aus den in diesem Gesetze vorgeschriebenen Wahlen ergeben.

§ 95. Den Arbeitgebern und ihren Vertretern ist untersagt, ihre Arbeitnehmer in der Ausübung des Wahlrechts zu den Betriebsvertretungen oder in der Übernahme und Ausübung der gesetzlichen Betriebsvertretung zu beschränken oder sie deswegen zu benachteiligen.

§ 96. Zur Kündigung[1]) des Dienstverhältnisses eines Mitglieds einer Betriebsvertretung[2]) oder zu seiner Versetzung in einen anderen Betrieb bedarf der Arbeitgeber der Zustimmung[3]) der Betriebsvertretung.

Die Zustimmung ist nicht erforderlich:

1. bei Entlassungen, die auf einer gesetzlichen oder tarifvertraglichen oder durch Beschluß des Arbeitsgerichts auferlegten Verpflichtung beruhen;
2. bei Entlassungen, die durch Stillegung des Betriebs erforderlich sind[4]);
3. bei fristlosen Kündigungen aus einem Grunde, der nach dem Gesetz zur Kündigung des Dienstverhältnisses ohne Einhaltung einer Kündigungsfrist berechtigt.

Im Falle des Abs. 2 Ziff. 3 ist der Einspruch nach Maßgabe des § 84 Abs. 2 statthaft[5]).

Wird eine fristlose Kündigung (Abs. 2 Ziff. 3) durch rechtskräftiges gerichtliches Urteil für ungerechtfertigt erklärt, so gilt die Kündigung als vom Arbeitgeber zurückgenommen[6]). § 89 findet entsprechende Anwendung.

[1]) Für befristete Dienstverhältnisse (siehe darüber Anm. 1 zu § 84) kommt § 96 nicht in Frage.

[2]) Betriebsvertretung ist hier jede Art derselben. Arbeiter-, Angestelltenrat, Betriebsrat, Gesamtbetriebsrat, auch Betriebsobmann zufolge besonderer Vorschrift des § 98 Abs. 2. Nicht den Schutz des § 96 genießen Ergänzungsmitglieder, soweit sie noch nicht herangezogen sind.

[3]) Über den Begriff „Zustimmung" siehe §§ 182ff. BGB. (Einwilligung oder Genehmigung). Danach kann die Zustimmung auch nachträglich erfolgen. In diesem Falle wirkt sie auf den Zeitpunkt des Zugehens der ausgesprochenen Kündigung zurück. Ebenso Rohrbeck, Anm. 4 zu § 96. Gehört der

Gekündigte mehreren Betriebsvertretungen an, so muß jede derselben ihre Zustimmung geben. Äußert sich eine Betriebsvertretung überhaupt nicht trotz Anfrage, so gilt die Zustimmung als verweigert. Eine allgemeine zum Abbau oder Massenentlassung gegebene Zustimmung der Betriebsvertretung ist für die Entlassung eines einzelnen Betriebsratsmitgliedes nicht ohne weiteres gültig, sondern muß hier im Besonderen von neuem erteilt werden. Bei der Erteilung der Zustimmung sind an und für sich die Formvorschriften der §§ 32ff. BRG. zu beobachten. Indessen hat das Gericht keine Veranlassung, eine vom Vorsitzenden des Betriebsrats formell als dessen Zustimmung bezeichnete Mitteilung auf ihr gültiges Zustandekommen nachzuprüfen, da der Vorsitzende zur Vertretung der Betriebsvertretung gegenüber dem Arbeitgeber befugt ist (§§ 28, 38 BRG.) und für den letzteren dessen Erklärungen verbindlich sind und genügen. Ebenso Urteil des KG. K VI v. 15. Januar 1924 Nr. 1274/23, das in der Berufungsinstanz durch Urteil des LG. I Berlin v. 4. April 1924 bestätigt worden ist. Die Überschreitung seiner Befugnisse macht den Vorsitzenden nur seiner Betriebsvertretung gegenüber haftbar, ev. setzt sie ihn einer Entlassung auf Grund des § 39 Abs. 2 aus. Zustimmung des gekündigten Betriebsratsmitgliedes beendet das Verfahren in jeder Lage.

[4]) Vgl. hierzu Anm. 2 zu § 85. Teilweise Stillegung ist hier gleichbedeutend mit Stillegung; so die allgem. Meinung. Rohrbeck, Anm. 6 zu § 96, Feig u. Sitzler, Anm. 5 zu § 96, a. A. Dersch, Anm. 2 IIB zu § 96.

[5]) Nur in diesem einen Falle ist der Einspruch zulässig. Das Einspruchsverfahren richtet sich nach dem der §§ 84ff. In diesem Falle hat auch der Betriebsobmann die Einspruchsberechtigung, nachdem die Mehrheit der wahlberechtigten Arbeiter die Zustimmung zur Kündigung versagt hat (§ 98 Abs. 2). In allen anderen Fällen klagen die Gekündigten einfach ihr Gehalt beim zuständigen Arbeitsgericht ein.

[6]) Das alte Dienstverhältnis gilt also als fortbestehend und als nie unterbrochen.

§ 97. Ist die Zustimmung der Betriebsvertretung erforderlich und wird sie versagt, so ist der Arbeitgeber berechtigt, das Arbeitsgericht anzurufen, das durch seinen Spruch die fehlende Zustimmung der Betriebsvertretung ersetzen kann[1]). Es darf die Zustimmung nicht ersetzen, wenn es feststellt, daß die Kündigung als ein Verstoß gegen die im § 95 auferlegten Pflichten anzusehen ist[2]). Bis zur Entscheidung ist der Arbeitgeber verpflichtet, den Arbeitnehmer weiter in seinem Betriebe zu beschäftigen[3]).

[1]) Die Entscheidung wirkt zurück auf den Zeitpunkt des Tages, an dem die Kündigung dem Betroffenen zugegangen ist.

[2]) Hieraus geht hervor, daß im übrigen das Arbeitsgericht nach freiem Ermessen entscheidet.

[3]) Im Gegensatz zu § 82 Abs. 4 und § 86 Abs. 3 hat hier die Anrufung des Arbeitsgerichts aufschiebende Wirkung. Ergeht die Entscheidung nach Ablauf der Kündigungsfrist, so ist, wenn die Zustimmung ersetzt wird, mit Ablauf der Kündigungsfrist das Dienstverhältnis beendet.

§ 98. Auf die in den §§ 62, 63 bezeichneten Vertretungen finden die Bestimmungen der §§ 95 bis 97 entsprechende Anwendung.

Auf die Betriebsobleute finden sie mit der Maßgabe Anwendung, daß an die Stelle der Betriebsvertretung die Mehrheit der wahlberechtigten Arbeitnehmer des Betriebs tritt.

§ 3. Erweiterte Zuständigkeit.

Bei den Arbeitsgerichten können auch nicht unter § 2 fallende Klagen gegen Arbeitgeber oder Arbeitnehmer sowie von solchen gegen Dritte erhoben werden, wenn der Anspruch mit einer bei einem Arbeitsgericht anhängigen oder gleichzeitig anhängig werdenden bürgerlichen Rechtsstreitigkeit der im § 2 Nr. 1 bis 4 bezeichneten Art in rechtlichem oder unmittelbarem wirtschaftlichen Zusammenhange steht und für seine Geltendmachung nicht eine ausschließliche Zuständigkeit gegeben ist; die im § 2 Nr. 2 Halbsatz 2 ausgenommenen Streitigkeiten können auch im Zusammenhange mit anderen Streitigkeiten nicht vor die Arbeitsgerichte gebracht werden.

Auf Grund Vereinbarung können auch bürgerliche Rechtsstreitigkeiten zwischen juristischen Personen des privaten Rechtes und ihren gesetzlichen Vertretern vor die Arbeitsgerichte gebracht werden (§ 5 Abs. 2).

§ 4. **Ausschluß der Arbeitsgerichtsbarkeit.**

In den Fällen des § 2 Nr. 1 bis 4 kann die Arbeitsgerichtsbarkeit durch Schiedsvertrag und Vereinbarung nach den §§ 91 bis 107 ganz oder teilweise ausgeschlossen werden.

§ 5. **Begriff des Arbeitnehmers.**

Arbeitnehmer im Sinne dieses Gesetzes sind Arbeiter und Angestellte einschließlich der Lehrlinge. Den Arbeitnehmern stehen Personen gleich, die, ohne in einem Arbeitsvertragsverhältnisse zu stehen, im Auftrag und für Rechnung bestimmter anderer Personen Arbeit leisten (Hausgewerbetreibende und sonstige arbeitnehmerähnliche Personen), und zwar auch dann, wenn sie die Roh- oder Hilfsstoffe selbst beschaffen; arbeitnehmerähnliche Personen sind im Verhältnis zu ihren Auftraggebern auch Zwischenmeister, die den überwiegenden Teil ihres Verdienstes aus ihrer eigenen Arbeit am Stücke beziehen.

Keine Arbeitnehmer sind gesetzliche Vertreter von juristischen Personen und von Personengesamtheiten des öffentlichen und privaten Rechtes, ferner Personen in ihrer Eigenschaft als öffentliche Beamte sowie als Angehörige des Reichsheers und der Reichsmarine.

§ 6. Besetzung der Arbeitsgerichtsbehörden.

Die Arbeitsgerichtsbehörden sind mit rechtsgelehrten Richtern und mit Beisitzern aus den Kreisen der Arbeitgeber und der Arbeitnehmer besetzt.

Die Beisitzer aus den Kreisen der Arbeitgeber und der Arbeitnehmer führen bei den Arbeitsgerichten die Amtsbezeichnung Arbeitsrichter, bei den Landesarbeitsgerichten die Amtsbezeichnung Landesarbeitsrichter und bei dem Reichsarbeitsgerichte die Amtsbezeichnung Reichsarbeitsrichter.

§ 7. Aufbringung der Mittel.

Die Kosten der Arbeitsgerichte und der Landesarbeitsgerichte trägt das Land, das sie errichtet, die Kosten des Reichsarbeitsgerichts trägt das Reich.

§ 8. Gang des arbeitsgerichtlichen Verfahrens.

In den Rechtsstreitigkeiten nach § 2 Nr. 1 bis 4 und nach § 3 findet das Urteilsverfahren (§§ 46 bis 79), in den Fällen des § 2 Nr. 5 das Beschlußverfahren (§§ 80 bis 90) statt.

Im ersten Rechtszug sind die Arbeitsgerichte zuständig.

Gegen die Urteile der Arbeitsgerichte findet die Berufung an die Landesarbeitsgerichte statt, wenn der Wert des Streitgegenstandes den Betrag von dreihundert Reichsmark übersteigt oder wenn das Arbeitsgericht die Berufung wegen der grundsätzlichen Bedeutung des Rechtsstreites zugelassen hat.

In den Fällen des § 2 Nr. 1 bis 3 und des § 3 findet gegen die Urteile der Landesarbeitsgerichte die Revision an das Reichsarbeitsgericht statt, wenn der Wert des Streitgegenstandes die jeweils in der ordentlichen bürgerlichen Gerichtsbarkeit geltende Revisionsgrenze übersteigt oder wenn das Landesarbeitsgericht die Revision wegen der grundsätzlichen Bedeutung des Rechtsstreits zugelassen hat. Die unmittelbare Einlegung der Revision unter Umgehung des Berufungsrechtszugs ist in den im § 76 bezeichneten Fällen zulässig.

Gegen die das Verfahren beendenden Beschlüsse der Arbeitsgerichte im Beschlußverfahren findet die Rechtsbeschwerde statt, wenn der Beschluß auf einer Gesetzesverletzung beruht. Für die Entscheidung über die Rechtsbeschwerde sind die Landesarbeitsgerichte oder das Reichsarbeitsgericht zuständig (§ 85 Abs. 1).

§ 9. **Allgemeine Verfahrensvorschriften.**

Die Vorschriften des Gerichtsverfassungsgesetzes über Zustellungs- und Vollstreckungsbeamte, über die Gerichtssprache, über die Aufrechterhaltung der Ordnung in der Sitzung und über die Beratung und Abstimmung gelten für das arbeitsgerichtliche Verfahren entsprechend.

Die Gebührenordnung für Zeugen und Sachverständige und die Gebührenordnung für Gerichtsvollzieher finden im arbeitsgerichtlichen Verfahren Anwendung. Gebührenvorschüsse dürfen die Gerichtsvollzieher nicht erheben.

Das arbeitsgerichtliche Verfahren ist in allen Rechtszügen zu beschleunigen. Die Gerichtsferien sind auf das Verfahren ohne Einfluß.

Auf den zur Zustellung an die Parteien bestimmten Ausfertigungen der Urteile und der das Beschlußverfahren beendenden Beschlüsse soll vermerkt werden, ob gegen die Entscheidung ein Rechtsmittel zulässig und bei welcher Behörde, in welcher Form und binnen welcher Frist es einzulegen ist.

§ 10. Parteifähigkeit.

Parteifähig im arbeitsgerichtlichen Verfahren sind auch wirtschaftliche Vereinigungen von Arbeitgebern und von Arbeitnehmern und in den Fällen des § 2 Nr. 4 und 5 die Arbeitnehmerschaft, Arbeiterschaft und Angestelltenschaft der Betriebe im Sinne des Betriebsrätegesetzes.

§ 11. Prozeßvertretung.

Vor den Arbeitsgerichten sind als Prozeßbevollmächtigte oder Beistände Rechtsanwälte und Personen, die das Verhandeln vor Gericht geschäftsmäßig betreiben, ausgeschlossen; zugelassen sind jedoch Mitglieder und Angestellte wirtschaftlicher Verenigungen von Arbeitgebern oder von Arbeitnehmiern oder von Verbänden solcher Vereinigungen die kraft Satzung oder Vollmacht zur Vertretung befugt sind, soweit sie für die Vereinigung oder für

Mitglieder der Vereinigung auftreten und nicht neben dieser Vertretung die Tätigkeit als Rechtsanwalt ausüben oder, ohne Rechtsanwälte zu sein, das Verhandeln vor Gericht gewerbsmäßig gegen Entgelt betreiben.

Vor den Landesarbeitsgerichten und vor dem Reichsarbeitsgerichte müssen die Parteien sich durch Rechtsanwälte als Prozeßbevollmächtigte vertreten lassen; zur Vertretung berechtigt ist jeder bei einem deutschen Gerichte zugelassene Anwalt. An ihre Stelle können vor den Landesarbeitsgerichten Mitglieder und Angestellte wirtschaftlicher Vereinigungen von Arbeitgebern oder von Arbeitnehmern oder von Verbänden solcher Vereinigungen treten, die kraft Satzung oder Vollmacht zur Vertretung befugt sind, sofern die Vereinigung, der Verband oder Mitglieder der Vereinigung Partei sind.

§ 12. Gebühren und Auslagen.

Im Verfahren vor den Arbeitsgerichten wird eine einmalige Gebühr nach dem Werte des Streitgegenstandes erhoben. Sie beträgt bei einem Streitwert

bis zu zwanzig Reichsmark einschließlich .... eine Reichsmark,

von mehr als zwanzig Reichsmark bis zu sechzig Reichsmark einschließlich zwei Reichsmark,

von mehr als sechzig Reichsmark bis zu einhundert Reichsmark einschließlich .... drei Reichsmark und von da ab für jede angefangene hundert Reichsmark je drei Reichsmark bis zu höchstens fünfhundert Reichsmark. Schreibgebühren kommen nicht in Ansatz.

Wird der Rechtsstreit im ersten oder in einem höheren Rechtszug durch einen vor dem Gericht abgeschlossenen oder dem Gerichte mitgeteilten Vergleich beendet, so werden in diesem Rechtszug keine Gebühren erhoben, auch wenn eine streitige Verhandlung vorausgegangen war. Wird der Rechtsstreit durch Versäumnisurteil oder auf Grund eines Anerkenntnisses oder einer Zurücknahme der Klage beendet und hat keine streitige Verhandlung stattgefunden, so wird in diesem Rechtszug nur die Hälfte der sonst fälligen Gebühren erhoben; bei Beendigung des Rechtsstreits im ersten Rechtszug auf Grund eines Anerkenntnisses oder einer Zurücknahme der Klage ohne streitige Verhandlung werden keine Gebühren erhoben.

Gebühren und Auslagen werden erst fällig, wenn das Verfahren in dem Rechtszug beendet oder das Ruhen des Verfahrens angeordnet ist. Kostenvorschüsse werden nicht erhoben; das gilt auch für die Zwangsvollstreckung.

In den Fällen des § 2 Nr. 5, des § 93 Abs. 4 und der §§ 102 und 107 in Verbindung mit § 93 Abs. 4, des § 98 Abs. 3 und des § 99 werden Gebühren und Auslagen nicht erhoben.

Vergleiche in einem anhängigen Rechtsstreit sind stempelfrei.

Im übrigen gelten für die Gebühren und Auslagen im arbeitsgerichtlichen Verfahren die Vorschriften des Gerichtskostengesetzes entsprechend.

§ 13. **Rechtshilfe.**

Die Arbeitsgerichte haben anderen Arbeitsgerichtsbehörden Rechtshilfe zu leisten. Die Amtsgerichte haben den Arbeitsgerichtsbehörden Rechtshilfe zu leisten, sofern sich am Sitze des Amtsgerichts kein Arbeitsgericht befindet.

Die Vorschriften des Gerichtsverfassungsgesetzes über Rechtshilfe finden entsprechende Anwendung.

Zweiter Teil.

Aufbau der Arbeitsgerichtsbehörden.

Erster Abschnitt.

Arbeitsgerichte.

§ 14. **Errichtung.**

Die Arbeitsgerichte werden als selbständige Gerichte durch die Landesjustizverwaltung im Einvernehmen mit der obersten Landesbehörde für die Sozialverwaltung nach Anhörung der wirtschaftlichen Vereinigungen der Arbeitgeber und Arbeitnehmer regelmäßig für den Bezirk eines Amtsgerichts errichtet.

Ein Arbeitsgericht kann auch errichtet werden:

1. für den Bezirk mehrerer Amtsgerichte eines Landes oder für Teile eines Amtsgerichtsbezirkes oder mehrerer Amtsgerichtsbezirke eines Landes, insbesondere für ein einheitliches Wirtschaftsgebiet;

2. für die Gebiete mehrerer Länder oder Teile von ihnen, insbesondere für ein einheitliches Wirtschaftsgebiet. In diesem Falle erfolgt die Errichtung durch die im Abs. 1 bezeichneten obersten Behörden der beteiligten Länder.

Bei der Errichtung der Arbeitsgerichte ist auf die Wirkungsbereiche der bisherigen Gewerbegerichte oder Kaufmannsgerichte nach Möglichkeit Rücksicht zu nehmen.

Landgericht im Sinne des § 18 Abs. 5, des § 20 Abs. 1, des § 21 Abs. 5, des § 24 Abs. 2, des § 27 und des § 30 Abs. 1 ist das Landgericht, bei dem das dem Arbeitsgericht übergeordnete Landesarbeitsgericht errichtet ist.

§ 15. Verwaltung und Dienstaufsicht.

Die Geschäfte der Verwaltung und Dienstaufsicht führt die Landesjustizverwaltung im Einvernehmen mit der obersten Landesbehörde für die Sozialverwaltung. Vor Erlaß allgemeiner Anordnungen, die die Verwaltung und Dienstaufsicht betreffen, soweit sie nicht rein technischer Art sind, sind die wirtschaftlichen Vereinigungen der Arbeitgeber und Arbeitnehmer zu hören.

Die Landesjustizverwaltung kann im Einvernehmen mit der obersten Landesbehörde für die Sozialverwaltung Geschäfte der Verwaltung und Dienstaufsicht nachgeordneten Dienststellen übertragen, insbesondere dem Vorsitzenden des Arbeitsgerichts oder, wenn mehrere Vorsitzende vorhanden sind, einem von ihnen.

§ 16. **Zusammensetzung.**

Das Arbeitsgericht besteht aus der erforderlichen Anzahl von Vorsitzenden und stellvertretenden Vorsitzenden und von Beisitzern. Die Beisitzer werden je zur Hälfte aus den Kreisen der Arbeitgeber und der Arbeitnehmer entnommen.

Jede Kammer des Arbeitsgerichts wird in der Besetzung mit einem Vorsitzenden und je einem Beisitzer der Arbeitgeber und der Arbeitnehmer tätig. In den Fällen des § 2 Nr. 1 wird jede Kammer in der Besetzung mit einem Vorsitzenden und je zwei Beisitzern der Arbeitgeber und der Arbeitnehmer tätig.

§ 17. **Bildung von Kammern.**

Die Zahl der Kammern bestimmt die Landesjustizverwaltung im Einvernehmen mit der obersten Landesbehörde für die Sozialverwaltung nach Anhörung der wirtschaftlichen Vereinigungen der Arbeitgeber und Arbeitnehmer.

Für Streitigkeiten der Arbeiter und für Streitigkeiten der Angestellten werden getrennte Kammern gebildet. Soweit beide Arbeitnehmergruppen beteiligt sind, entscheidet für die Zuständigkeit der Kammer die überwiegende Beteiligung. Die Landesjustizverwaltung kann im Einvernehmen mit der obersten Landesbehörde für die Sozialverwaltung nach Anhörung der wirtschaftlichen Vereinigungen der Arbeitgeber und Arbeitnehmer aus besonderen Gründen anordnen, daß von der Bildung getrennter Kammern für Arbeiter und für Angestellte abzusehen ist.

Soweit ein Bedürfnis besteht, können Fachkammern für die Streitigkeiten bestimmter Berufe und Gewerbe und bestimmter Gruppen von Arbeitern oder Angestellten gebildet werden. Über die Bildung entscheidet die Landesjustizverwaltung im Einvernehmen mit der obersten Landesbehörde für die Sozialverwaltung nach Anhörung der wirtschaftlichen Vereinigungen der Arbeitgeber und Arbeitnehmer. Für die Streitigkeiten des Handwerkes müssen Fachkammern (Handwerksgerichte) errichtet werden.

Die Zuständigkeit einer Angestelltenkammer oder einer Fachkammer kann durch die Landesjustizverwaltung im Einvernehmen mit der obersten Landesbehörde für die Sozialverwaltung nach Anhörung der wirtschaftlichen Vereinigungen der Arbeitgeber und Arbeitnehmer auf die Bezirke anderer Arbeitsgerichte oder Teile von ihnen erstreckt werden, insbesondere, wenn es sich um ein einheitliches Wirtschaftsgebiet handelt. Die Erstreckung auf das Gebiet eines anderen Landes erfolgt durch Vereinbarung mit den zuständigen obersten Behörden dieses Landes.

§ 18. Bestellung der Vorsitzenden.

Die Vorsitzenden und die stellvertretenden Vorsitzenden bestellt die Landesjustizverwaltung im Einvernehmen mit der obersten Landesbehörde für die Sozialverwaltung. Sie soll nur Personen bestellen, die auf arbeitsrechtlichem und sozialem Gebiete Kenntnisse und Erfahrungen besitzen.

Die Vorsitzenden und die stellvertretenden Vorsitzenden sind in der Regel ordentliche Richter. Richter, die Vorsitzende oder stellvertretende Vorsitzende eines Schlichtungsausschusses oder Schlichter oder stellvertretende Schlichter sind oder gewesen sind, sollen bei der Bestellung zu Vorsitzenden oder zu stellvertretenden Vorsitzenden der Arbeitsgerichte besonders berücksichtigt werden.

Andere Personen dürfen zu Vorsitzenden oder zu stellvertretenden Vorsitzenden nur bestellt werden, wenn sie nach ihrer Stellung im Erwerbsleben weder als Arbeitgeber noch als Arbeitnehmer anzusehen sind und die Befähigung zum Richteramte haben.

Die Vorsitzenden und die stellvertretenden Vorsitzenden werden mindestens für ein Jahr und höchstens für neun Jahre bestellt. Eine wiederholte Bestellung ist zulässig. Nach mindestens dreijähriger Amtsdauer können hauptamtliche Vorsitzende auf Lebenszeit bestellt werden. Die von der Gesetzgebung festgesetzten Altersgrenzen, bei deren Erreichung Richter in den Ruhestand treten, gelten auch für die Vorsitzenden der Arbeitsgerichte.

Die Vorsitzenden und die stellvertretenden Vorsitzenden sind vor ihrem Amtsantritte durch den Präsidenten des Landgerichts auf die Erfüllung der Obliegenheiten ihres Amtes eidlich zu verpflichten, falls sie nicht bereits als Beamte vereidigt sind.

Die landesgesetzlichen Vorschriften über die Befähigung zur zeitweiligen Wahrnehmung richterlicher Aufgaben gelten für die zeitweilige Tätigkeit als Vorsitzender entsprechend. Diese soll jedoch den Zeitraum von sechs Wochen nicht übersteigen.

§ 19. Rechtliche Stellung der Vorsitzenden.

Die Vorsitzenden und die stellvertretenden Vorsitzenden haben die Rechte und Pflichten richterlicher Beamter der Länder. Soweit sie auf Zeit bestellt sind, haben sie diese Rechte und Pflichten für die Dauer ihres Amtes. Die Vorschriften der §§ 8, 9 des Gerichtsverfassungsgesetzes, für die hauptamtlichen Vorsitzenden auch die Vorschrift des § 7 des Gerichtsverfassungsgesetzes, gelten entsprechend. Die Landesregierungen bestimmen, ob den nebenamtlichen Vorsitzenden und den stellvertretenden Vorsitzenden eine Vergütung zu gewähren ist.

Auf Lebenszeit angestellte Beamte des Reichs oder der Länder, die auf Zeit zu hauptamtlichen Vorsitzenden bestellt werden, sind nach Ablauf dieser Zeit in eine ihrer früheren dienstlichen Stellung gleichwertige Stellung wieder zu übernehmen. Die Amtsdauer als Vorsitzender ist ihnen als Dienst im Reiche oder im Lande anzurechnen.

§ 20. Berufung der Beisitzer.

Die Beisitzer werden von der höheren Verwaltungsbehörde im Einvernehmen mit dem Präsidenten des Landgerichts auf die Dauer von drei Jahren berufen. Sie sind in angemessenem Verhältnis unter billiger Berücksichtigung der Minderheiten aus den Vorschlagslisten zu entnehmen, die von den in dem Gerichtsbezirke bestehenden wirtschaftlichen Vereinigungen der Arbeitgeber und der Arbeitnehmer und von den im § 22 Abs. 2 Nr. 2 bezeichneten Körperschaften eingereicht werden.

Für die Beisitzer der Arbeiter und der Angestellten sind grundsätzlich getrennte Vorschläge einzuholen, wenn nicht die Bildung getrennter Kammern gemäß § 17 Abs. 2 unterbleibt.

Die Beisitzer sind vor ihrer Dienstleistung durch den Vorsitzenden auf die Erfüllung der Obliegenheiten ihres Amtes eidlich zu verpflichten.

§ 21. **Voraussetzungen für das Beisitzeramt.**

Als Beisitzer sind Männer und Frauen zu berufen, die deutsche Reichsangehörige sind und das fünfundzwanzigste Lebensjahr vollendet haben. Es sollen nur Personen berufen werden, die im Bezirke des Arbeitsgerichts seit mindestens einem Jahre als Arbeitgeber oder Arbeitnehmer tätig sind.

Unfähig zu dem Amte eines Beisitzers sind Personen, denen die bürgerlichen Ehrenrechte oder die Fähigkeit zur Bekleidung öffentlicher Ämter aberkannt sind oder gegen die das Hauptverfahren wegen eines Verbrechens oder Vergehens eröffnet ist, das die Aberkennung zur Folge haben kann, und Personen, die infolge gerichtlicher Anordnung in der Verfügung über ihr Vermögen beschränkt sind.

Beamte und Angestellte einer Arbeitsgerichtsbehörde dürfen nicht als Beisitzer berufen werden.

Niemand darf zugleich Arbeitgeber- und Arbeitnehmerbeisitzer sein.

Wird das Fehlen einer Voraussetzung für die Berufung nachträglich bekannt oder fällt eine Voraussetzung nachträglich fort, so enthebt der Präsident des Landgerichts den Beisitzer seines Amtes. Vor der Entscheidung ist der Beisitzer zu hören. Die Entscheidung ist endgültig.

§ 22. **Besonderheiten für Arbeitgeberbeisitzer.**

Arbeitgeberbeisitzer kann auch sein, wer vorübergehend oder regelmäßig zu gewissen Zeiten des Jahres keine Arbeitnehmer beschäftigt.

Für Arbeitgeber, die keine Einzelpersonen sind, können als Beisitzer berufen werden:

1. bei juristischen Personen und Personengesamtheiten des privaten Rechtes die gesetzlichen Vertreter und die Aufsichtsratsmitglieder mit Ausnahme der vom Betriebsrat entsandten;
2. bei dem Reiche, den Ländern, den Gemeinden, den Gemeindeverbänden und anderen Körperschaften des öffentlichen Rechtes öffentliche Beamte nach näherer Anordnung der zuständigen obersten Reichs- oder Landesbehörde.

Den Arbeitgebern stehen für die Berufung zum Beisitzer gleich:

1. Geschäftsführer und Betriebsleiter, soweit sie selbständig zur Einstellung von Arbeitnehmern in den Betrieb berechtigt sind oder soweit ihnen Prokura oder Generalvollmacht erteilt ist;
2. Mitglieder und Angestellte wirtschaftlicher Vereinigungen von Arbeitgebern oder von Verbänden solcher Vereinigungen, die kraft Satzung oder Vollmacht zur Vertretung befugt sind.

§ 23. Besonderheiten für Arbeitnehmerbeisitzer.

Arbeitnehmerbeisitzer kann auch sein, wer erwerbslos ist.

Den Arbeitern stehen für die Berufung zum Beisitzer Mitglieder und Angestellte wirtschaftlicher Vereinigungen von Arbeitern oder von Verbänden solcher Vereinigungen gleich, die kraft Satzung oder Vollmacht zur Vertretung befugt sind; den Angestellten stehen Mitglieder und Angestellte wirtschaftlicher Vereinigungen von Angestellten oder von Verbänden solcher Vereinigungen gleich, die kraft Satzung oder Vollmacht zur Vertretung befugt sind.

§ 24. Ablehnung des Beisitzeramts.

Die Übernahme des Beisitzeramts kann ablehnen:

1. wer das fünfundsechzigste Lebensjahr vollendet hat;
2. wer durch Krankheit oder Gebrechen verhindert ist, das Amt ordnungsmäßig zu führen;
3. wer durch andere ehrenamtliche Tätigkeit für die Allgemeinheit so in Anspruch genommen ist, daß ihm die Übernahme des Amtes nicht zugemutet werden kann;
4. wer in den sechs der Berufung vorhergehenden Jahren als Beisitzer einer Arbeitsgerichtsbehörde tätig gewesen ist;
5. Frauen, die glaubhaft machen, daß ihnen die Fürsorge für ihre Familie die Ausübung des Amtes in besonderem Maße erschwert.

Über die Berechtigung zur Ablehnung entscheidet die höhere Verwaltungsbehörde im Einvernehmen mit dem Präsidenten des Landgerichts endgültig.

§ 25. Stellung der Beisitzer.

Das Amt des Beisitzers ist ein Ehrenamt.

Die Beisitzer erhalten eine angemessene Entschädigung für den ihnen aus der Wahrnehmung des Beisitzeramts erwachsenden Verdienstausfall und Aufwand sowie Ersatz der Fahrkosten. Die nähere Regelung trifft der Reichsarbeitsminister im Einvernehmen mit dem Reichsminister der Justiz nach Anhörung der wirtschaftlichen Vereinigungen der Arbeitgeber und der Arbeitnehmer.

Die Entschädigung und die erstattungsfähigen Fahrkosten setzt der Vorsitzende des Arbeitsgerichts endgültig fest.

§ 26. Schutz der Arbeitnehmerbeisitzer.

Den Arbeitgebern und ihren Angestellten ist es untersagt, Angestellte oder Arbeiter in der Übernahme oder Ausübung des Beisitzeramts zu beschränken, oder sie wegen der Übernahme oder Ausübung des Amtes zu benachteiligen.

Arbeitgeber oder ihre Angestellten, die den Vorschriften des Abs. 1 vorsätzlich zuwiderhandeln, werden mit Geldstrafe bestraft.

§ 27. Amtsenthebung der Beisitzer.

Wenn ein Beisitzer seine Amtspflicht grob verletzt, so ist er seines Amtes zu entheben. Für die Entscheidung ist **eine Kammer zuständig, die aus dem**

Präsidenten des Landgerichts und je zwei Beisitzern der Arbeitgeber und der Arbeitnehmer des Landesarbeitsgerichts besteht. Vor der Entscheidung ist der Beisitzer und der Vorsitzende des Arbeitsgerichts zu hören. Die Entscheidung ist endgültig.

§ 28. Ordnungsstrafen gegen Beisitzer.

Beisitzer, die ohne genügende Entschuldigung nicht oder nicht rechtzeitig zu den Sitzungen erscheinen oder sich ihren Obliegenheiten in anderer Weise entziehen, werden vom Vorsitzenden mit einer Ordnungsstrafe in Geld bestraft. Bei nachträglicher genügender Entschuldigung ist die Strafe aufzuheben oder zu ermäßigen. Gegen den eine Bestrafung aussprechenden Beschluß ist Beschwerde zulässig.

§ 29. Beisitzerausschüsse.

Bei jedem Arbeitsgerichte mit mehr als einer Kammer wird ein Beisitzerausschuß gebildet. Er besteht aus mindestens je drei Beisitzern der Arbeitgeber und der Arbeitnehmer in gleicher Zahl, die von den Beisitzern der Arbeitgeber und der Arbeitnehmer in getrennter Wahl gewählt werden. Der Beisitzerausschuß tagt unter der Leitung des aufsichtführenden oder dienstältesten Vorsitzenden des Arbeitsgerichts.

Der Beisitzerausschuß ist vor der Bildung von Kammern, vor der Geschäftsverteilung, vor der Verteilung der Beisitzer auf die Kammern und vor der Aufstellung der Listen über die Heranziehung der Beisitzer zu den Sitzungen zu hören. Er kann auch im übrigen den Vorsitzenden des Arbeitsgerichts und den die Verwaltung und Dienstaufsicht führenden Behörden Wünsche der Beisitzer übermitteln.

§ 30. Geschäftsverteilung, Kammerbesetzung.

Vor Beginn des Geschäftsjahrs werden durch den Vorsitzenden, bei Vorhandensein mehrerer Vorsitzenden durch diese, die Geschäfte auf die einzelnen Kammern verteilt; einigen sich die Vorsitzenden nicht, so entscheidet der Präsident des Landgerichts. In gleicher Weise erfolgt die Verteilung der Vorsitzenden, der stellvertretenden Vorsitzenden und der Beisitzer auf die einzelnen Kammern. Die Vorsitzenden, die stellvertretenden Vorsitzenden und die Beisitzer können mehreren Kammern angehören.

Die Beisitzer einer Fachkammer sollen den Beisitzern aus den Kreisen der Berufe, Gewerbe oder Gruppen entnommen werden, für die die Fachkammer gebildet ist. Werden für die Streitigkeiten der im § 22 Abs. 3 bezeichneten Angestellten Fachkammern gebildet, so dürfen ihnen diese Angestellten nicht als Arbeitgeberbeisitzer angehören.

In den Fällen des § 17 Abs. 4 sind die Beisitzer den Beisitzerlisten der Arbeitsgerichte zu entnehmen, für deren Bezirke die Kammer zuständig ist.

§ 31. Heranziehung der Beisitzer.

Die Beisitzer sollen zu den Sitzungen nach der Reihenfolge einer Liste herangezogen werden, die der Vorsitzende vor Beginn des Geschäftsjahrs gemäß § 29 Abs. 2 aufstellt.

§ 32. **Geschäftsstelle.**

Bei jedem Arbeitsgerichte besteht eine Geschäftsstelle, deren Einrichtung die Landesjustizverwaltung im Einvernehmen mit der obersten Landesbehörde für die Sozialverwaltung bestimmt.

Zweiter Abschnitt.

Landesarbeitsgerichte.

§ 33. **Errichtung.**

Die Landesarbeitsgerichte werden durch die Landesjustizverwaltung im Einvernehmen mit der obersten Landesbehörde für die Sozialverwaltung bei den Landgerichten nach Anhörung der wirtschaftlichen Vereinigungen der Arbeitgeber und Arbeitnehmer errichtet. Die Vorschriften des § 14 Abs. 2 finden entsprechende Anwendung.

Das Landesarbeitsgericht kann seinen Sitz auch an einem anderen Orte seines Bezirkes haben als das Landgericht, bei dem es errichtet ist.

§ 34. **Verwaltung und Dienstaufsicht.**

Die Geschäfte der Verwaltung und Dienstaufsicht führt die Landesjustizverwaltung im Einvernehmen mit der obersten Landesbehörde für die Sozialverwaltung. § 15 Abs. 1 Satz 2 gilt entsprechend.

Die Landesjustizverwaltung kann im Einvernehmen mit der obersten Landesbehörde für die Sozialverwaltung Geschäfte der Verwaltung und Dienstaufsicht nachgeordneten Dienststellen übertragen, insbesondere dem Präsidenten des Landgerichts und dem Vorsitzenden des Landesarbeitsgerichts oder, wenn mehrere Vorsitzende vorhanden sind, einem von ihnen.

§ 35. Zusammensetzung, Bildung von Kammern.

Das Landesarbeitsgericht besteht aus der erforderlichen Anzahl von Vorsitzenden und stellvertretenden Vorsitzenden und von Beisitzern. Die Beisitzer werden je zur Hälfte aus den Kreisen der Arbeitgeber und der Arbeitnehmer entnommen.

Jede Kammer des Landesarbeitsgerichts wird in der Besetzung mit einem Vorsitzenden und je einem Beisitzer der Arbeitgeber und der Arbeitnehmer tätig. In den Fällen des § 2 Nr. 1 wird jede Kammer in der Besetzung mit einem Vorsitzenden und je zwei Beisitzern der Arbeitgeber und der Arbeitnehmer tätig.

Im übrigen stehen die Kammern des Landesarbeitsgerichts den Zivilkammern des Landgerichts im Sinne des Gerichtsverfassungsgesetzes gleich.

Die Zahl der Kammern bestimmt die Landesjustizverwaltung im Einvernehmen mit der obersten Landesbehörde für die Sozialverwaltung.

§ 36. Vorsitzende.

Die Vorsitzenden und die stellvertretenden Vorsitzenden beruft die Landesjustizverwaltung im Einvernehmen mit der obersten Landesbehörde für die Sozialverwaltung aus den Direktoren und den ständigen Mitgliedern des Landgerichts. Befindet sich am Sitze des Landesarbeitsgerichts ein Oberlandesgericht, so kann auch ein Oberlandesgerichtsrat berufen werden. Die Berufung erfolgt für die Dauer der Zugehörigkeit zum Landgericht oder Oberlandesgericht. Sie kann nur mit Zustimmung des Berufenen widerrufen werden.

Zu Vorsitzenden und stellvertretenden Vorsitzenden sollen nur Richter berufen werden, die auf arbeitsrechtlichem und sozialem Gebiete Kenntnisse und Erfahrungen besitzen. Sind beim Landgericht oder Oberlandesgerichte solche nicht vorhanden, so sind geeignete Personen, die die Befähigung zum Richteramte haben, einzuberufen.

§ 37. Beisitzer.

Die Beisitzer müssen das dreißigste Lebensjahr vollendet haben und sollen mindestens drei Jahre Beisitzer einer Arbeitsgerichtsbehörde gewesen sein.

Im übrigen gelten für die Berufung und Stellung der Beisitzer und für die Amtsenthebung die Vorschriften des § 20 Abs. 1 und 3 und der §§ 21 bis 28 entsprechend.

§ 38. Beisitzerausschüsse.

Bei jedem Landesarbeitsgerichte wird ein Beisitzerausschuß gebildet. Die Vorschriften des § 29 Abs. 1 Satz 2 und 3 und Abs. 2 gelten entsprechend.

§ 39. Besetzung der Kammern, Geschäftsverteilung.

Vor Beginn des Geschäftsjahrs verteilt das Präsidium des Landgerichts unter stimmberechtigter Mitwirkung der Vorsitzenden des Landesarbeitsgerichts die Geschäfte auf die einzelnen Kammern des Landesarbeitsgerichts. In gleicher Weise erfolgt die Verteilung der Vorsitzenden, der stellvertretenden Vorsitzenden und der Beisitzer auf die einzelnen Kammern. Die Vorsitzenden und die Beisitzer können mehreren Kammern angehören.

Die Beisitzer sollen zu den Sitzungen nach der Reihenfolge einer Liste herangezogen werden, die der Vorsitzende vor Beginn des Geschäftsjahrs gemäß § 38 Satz 2 aufstellt.

Dritter Abschnitt.

Reichsarbeitsgericht.

§ 40. Errichtung.

Das Reichsarbeitsgericht wird bei dem Reichsgericht errichtet.

§ 41. Zusammensetzung, Bildung von Senaten.

Das Reichsarbeitsgericht besteht aus der erforderlichen Zahl von Senatspräsidenten beim Reichsgericht als Vorsitzenden, von Senatspräsidenten oder Reichsgerichtsräten als stellvertretenden Vorsitzenden, von Reichsgerichtsräten als richterlichen Beisitzern und von nichtrichterlichen Beisitzern. Die nichtrichterlichen Beisitzer werden je zur Hälfte aus den Kreisen der Arbeitgeber und Arbeitnehmer entnommen.

Jeder Senat des Reichsarbeitsgerichts wird in der Besetzung mit einem Vorsitzenden, zwei richterlichen Beisitzern und je einem Beisitzer der Arbeitgeber und der Arbeitnehmer tätig.

Im übrigen stehen die Senate des Reichsarbeitsgerichts den Zivilsenaten des Reichsgerichts im Sinne des Gerichtsverfassungsgesetzes gleich.

Die Zahl der Senate bestimmt der Reichsminister der Justiz im Einvernehmen mit dem Reichsarbeitsminister.

§ 42. Richterliche Mitglieder.

Zu Vorsitzenden, stellvertretenden Vorsitzenden und richterlichen Beisitzern des Reichsarbeitsgerichts sollen nur Richter berufen werden, die auf arbeitsrechtlichem und sozialem Gebiete besondere Kenntnisse und Erfahrungen besitzen.

§ 43. Nichtrichterliche Beisitzer.

Die nichtrichterlichen Beisitzer werden vom Reichsarbeitsminister im Einvernehmen mit dem Reichsminister der Justiz auf die Dauer von drei Jahren berufen. Sie sind in angemessenem Verhältnis aus den Vorschlagslisten zu entnehmen, die von den Spitzenverbänden der wirtschaftlichen Vereinigungen der Arbeitgeber und der Arbeitnehmer und von den im § 22 Abs. 2 Nr. 2 bezeichneten Körperschaften eingereicht werden.

Die Beisitzer müssen das fünfunddreißigste Lebensjahr vollendet haben und sollen seit längerer Zeit im Deutschen Reiche als Arbeitgeber oder als Arbeitnehmer tätig gewesen sein. Für die Amtsenthebung ist der Präsident des Reichsgerichts zuständig.

Im übrigen gelten für die Berufung und Stellung der nichtrichterlichen Beisitzer die Vorschriften des § 20 Abs. 3 und der §§ 21 bis 28 entsprechend.

§ 44. Besetzung der Senate, Geschäftsverteilung.

Vor Beginn des Geschäftsjahrs verteilt das Präsidium des Reichsgerichts die Geschäfte auf die einzelnen Senate des Reichsarbeitsgerichts. In gleicher Weise erfolgt die Verteilung der Vorsitzenden, der stellvertretenden Vorsitzenden, der richterlichen Beisitzer und der nichtrichterlichen Beisitzer auf die einzelnen Senate. Die Vorsitzenden, die stellvertretenden Vorsitzenden und die richterlichen Beisitzer können mehreren Senaten angehören. Vor der Verteilung der Geschäfte und der nichtrichterlichen Beisitzer auf die Senate sind je zwei Beisitzer der Arbeitgeber und der Arbeitnehmer zu hören.

Die nichtrichterlichen Beisitzer sollen zu den einzelnen Sitzungen nach der Reihenfolge einer Liste herangezogen werden, die der Vorsitzende vor Beginn des Geschäftsjahrs aufstellt.

§ 45. Vereinigte Zivilsenate und Plenum des Reichsgerichts.

Bei Entscheidungen der vereinigten Zivilsenate oder des Plenums des Reichsgerichts, bei denen es sich um arbeitsrechtliche Fragen handelt, wirken je ein Arbeitgeberbeisitzer und je ein Arbeitnehmerbeisitzer von jedem Senat des Reichsarbeitsgerichts mit. Sie gelten als Mitglieder des Reichsgerichts im Sinne des § 138 des Gerichtsverfassungsgesetzes.

§ 138 GVG.:

§ 138. Zur Fassung von Plenarentscheidungen und von Entscheidungen der vereinigten Zivil- und Strafsenate ist die Teilnahme von mindestens zwei Dritteilen aller Mitglieder mit Einschluß des Vorsitzenden erforderlich.

Die Zahl der Mitglieder, welche eine entscheidende Stimme führen, muß eine ungerade sein.

Ist die Zahl der anwesenden Mitglieder eine gerade, so hat der Rat, welcher dem Dienstalter nach, und bei gleichem Dienstalter der, welcher der Geburt nach der jüngere ist, oder, wenn dieser Berichterstatter ist, der nächstältere kein Stimmrecht.

Dritter Teil.

Verfahren vor den Arbeitsgerichtsbehörden.

Erster Abschnitt.

Urteilsverfahren.

Erster Unterabschnitt.

Erster Rechtszug.

§ 46. Grundsatz.

Das Urteilsverfahren findet in den im § 2 Nr. 1 bis 4 und im § 3 bezeichneten bürgerlichen Rechtsstreitigkeiten Anwendung.

Für das Urteilsverfahren des ersten Rechtszugs gelten die für das amtsgerichtliche Verfahren maßgebenden Vorschriften der Zivilprozeßordnung entsprechend, soweit nichts anderes bestimmt ist. An die Stelle der Vorschriften über das Güteverfahren vor Erhebung der Klage treten die Vorschriften der §§ 54 und 55. Die Vorschriften über den Urkunden- und Wechselprozeß finden keine Anwendung. Ebensowenig findet die Verordnung zur Entlastung der Gerichte in der Fassung der Bekanntmachung vom 13. Mai 1924 (Reichsgesetzbl. I S. 552) Anwendung.

§ 47. Erhebung der Klage, Einlassungs- und Ladungsfrist.

Die Klage ist bei dem Arbeitsgerichte schriftlich einzureichen oder bei seiner Geschäftsstelle mündlich zur Niederschrift anzubringen. Sie gilt, unbeschadet der Vorschrift des § 496 Abs. 3 Satz 1 der Zivilprozeßordnung, erst mit der Zustellung an den Beklagten als erhoben. Eine Aufforderung an den Beklagten, sich auf die Klage schriftlich zu äußern, erfolgt in der Regel nicht.

An den ordentlichen Gerichtstagen können die Parteien zur Verhandlung eines Rechtsstreits auch ohne Ladung vor dem Arbeitsgericht erscheinen. In diesem Falle wird die Klage durch mündlichen Vortrag erhoben. Der wesentliche Inhalt der Klage ist in eine Niederschrift aufzunehmen, wenn die Sache streitig bleibt.

Wohnt die beklagte Partei am Sitze des Arbeitsgerichts, so muß die Klage mindestens am zweiten Tage vor dem Termin zugestellt werden. Das gleiche gilt für die Ladungen.

§ 496 ZPO.:

§ 496. Die Zustellungen erfolgen unbeschadet der Vorschrift des § 317 Abs. 1 von Amts wegen. Im Güterverfahren kann die Zustellung durch Übersendung mittels eingeschriebenen Briefes ersetzt werden; auch eine sonstige Form der Bekanntmachung genügt, sofern sie durch ein mit Datum und eigenhändiger Unterschrift des Empfängers versehenes Empfangsbekenntnis nachgewiesen wird.

Die Klage sowie sonstige Anträge und Erklärungen einer Partei, die zugestellt werden sollen, sind bei dem Gerichte schriftlich einzureichen oder mündlich zum Protokoll des Gerichtsschreibers anzubringen. Die Partei soll den Schriftsätzen, welche sie bei dem Gericht einreicht, die für die Zustellung erforderliche Zahl von Abschriften beifügen.

Soll durch die Zustellung eine Frist gewahrt oder die Verjährung unterbrochen werden, so tritt die Wirkung, sofern die Zustellung demnächst erfolgt, bereits mit der Einreichung oder Anbringung des Antrags oder der Erklärung ein. In Ansehung der Wahrung einer Frist oder der Unterbrechung der Verjährung hat der Güteantrag dieselbe Wirkung wie eine Klageerhebung. Ein zurückgenommener Güteantrag gilt als nicht gestellt.

Auf Bestimmung des Gerichts kann die Mitteilung von Anträgen und Erklärungen ohne besondere Form erfolgen.

§ 48. **Zuständigkeit.**

Die Vorschriften des § 11 der Zivilprozeßordnung über die bindende Wirkung der rechtskräftigen Entscheidung, durch die ein Gericht sich für sachlich unzuständig erklärt hat, und des § 276 der Zivilprozeßordnung über die Verweisung des Rechtsstreits an das örtlich oder sachlich zuständige Gericht finden auf das Verhältnis der Arbeitsgerichte und der ordentlichen Gerichte zueinander entsprechende Anwendung.

Für Streitigkeiten aus einem Arbeits- oder Lehrverhältnis und aus Verhandlungen über die Ein-

gehung eines Arbeits- oder Lehrverhältnisses, das sich nach einem Tarifvertrage bestimmt, können unbeschadet der Vorschriften der §§ 38 bis 40 der Zivilprozeßordnung die Parteien des Tarifvertrags die Zuständigkeit eines an sich örtlich unzuständigen Arbeitsgerichts vereinbaren.

§§ 11, 276, 38, 39, 40 ZPO.:

§ 11. Ist die Unzuständigkeit eines Gerichts auf Grund der Bestimmungen über die sachliche Zuständigkeit der Gerichte rechtskräftig ausgesprochen, so ist diese Entscheidung für das Gericht bindend, bei welchem die Sache später anhängig wird.

§ 276. Ist auf Grund der Bestimmungen über die örtliche oder sachliche Zuständigkeit der Gerichte die Unzuständigkeit des Gerichts auszusprechen, so hat das angegangene Gericht, sofern das zuständige Gericht bestimmt werden kann, auf Antrag des Klägers durch Beschluß sich für unzuständig zu erklären und den Rechtsstreit an das zuständige Gericht zu verweisen. Sind mehrere Gerichte zuständig, so erfolgt die Verweisung an das vom Kläger gewählte Gericht.

Eine Anfechtung des Beschlusses findet nicht statt; mit der Verkündung des Beschlusses gilt der Rechtsstreit als bei dem im Beschlusse bezeichneten Gericht anhängig. Der Beschluß ist für dieses Gericht bindend.

Die im Verfahren vor dem angegangenen Gericht erwachsenen Kosten werden als Teil der Kosten behandelt, welche bei dem im Beschlusse bezeichneten Gericht erwachsen. Dem Kläger sind die entstandenen Mehrkosten auch dann aufzuerlegen, wenn er in der Hauptsache obsiegt.

§ 38. Ein an sich unzuständiges Gericht erster Instanz wird durch ausdrückliche oder stillschweigende Vereinbarung der Parteien zuständig.

§ 39. Stillschweigende Vereinbarung ist anzunehmen, wenn der Beklagte, ohne die Unzuständigkeit geltend zu machen, zur Hauptsache mündlich verhandelt hat.

§ 40. Die Vereinbarung hat keine rechtliche Wirkung, wenn sie nicht auf ein bestimmtes Rechtsverhältnis und die aus demselben entspringenden Rechtsstreitigkeiten sich bezieht.

Die Vereinbarung ist unzulässig, wenn der Rechtsstreit andere als vermögensrechtliche Ansprüche betrifft, oder wenn für die Klage ein ausschließlicher Gerichtsstand begründet ist.

§ 49. Ablehnung von Gerichtspersonen.

Über die Ablehnung von Gerichtspersonen entscheidet die Kammer des Arbeitsgerichts.

Wird sie durch das Ausscheiden des abgelehnten Mitglieds beschlußunfähig, so entscheidet das Landesarbeitsgericht.

Gegen den Beschluß findet kein Rechtsmittel statt.

§ 50. Zustellung.

Urteile sind von Amts wegen zuzustellen.

§ 51. Persönliches Erscheinen der Parteien.

Der Vorsitzende kann das persönliche Erscheinen der Parteien in jeder Lage des Rechtsstreits anordnen. Im übrigen finden die Vorschriften des § 141 Abs. 2 und 3 der Zivilprozeßordnung entsprechende Anwendung.

Der Vorsitzende kann die Zulassung eines Prozeßbevollmächtigten ablehnen, wenn die Partei trotz Anordnung ihres persönlichen Erscheinens unbegründet

ausgeblieben ist und hierdurch der Zweck der Anordnung vereitelt wird. § 141 Abs. 3 Satz 2 der Zivilprozeßordnung findet entsprechende Anwendung.

§ 141 ZPO.:

§ 141. Das Gericht kann das persönliche Erscheinen einer Partei zur Aufklärung des Sachverhalts anordnen; von der Anordnung soll abgesehen werden, wenn der Partei wegen weiter Entfernung ihres Aufenthaltsorts vom Gerichtssitz oder aus sonstigen wichtigen Gründen die persönliche Wahrnehmung des Termins nicht zugemutet werden kann.

Wird das Erscheinen angeordnet, so ist die Partei von Amts wegen zu laden. Die Ladung ist der Partei selbst zuzustellen, auch wenn sie einen Prozeßbevollmächtigten bestellt hat.

Bleibt die Partei im Termin aus, so können gegen sie die gleichen Strafen wie gegen einen im Vernehmungstermine nicht erschienenen Zeugen, jedoch mit Ausnahme der Haftstrafe, verhängt werden. Dies gilt nicht, wenn die Partei zur Verhandlung einen Vertreter entsendet, der zur Aufklärung des Tatbestandes in der Lage und zur Abgabe der gebotenen Erklärungen, insbesondere zu einem Vergleichsabschlusse, ermächtigt ist. Die Partei ist auf die Folgen ihres Ausbleibens in der Ladung hinzuweisen.

§ 52. Öffentlichkeit.

Die Verhandlung vor dem erkennenden Gericht einschließlich der Beweisaufnahme und der Verkündung der Entscheidungen ist öffentlich. Das Arbeitsgericht kann die Öffentlichkeit für die Verhandlung oder für einen Teil der Verhandlung ausschließen, wenn durch die Öffentlichkeit eine Gefährdung der öffentlichen Ordnung, insbesondere der

Staatssicherheit, oder eine Gefährdung der Sittlichkeit zu besorgen ist oder wenn eine Partei den Ausschluß der Öffentlichkeit beantragt, weil Betriebs-, Geschäfts- oder Erfindungsgeheimnisse zum Gegenstande der Verhandlung oder der Beweisaufnahme gemacht werden; im Güteverfahren kann es die Öffentlichkeit auch aus Zweckmäßigkeitsgründen ausschließen. Die Vorschriften der §§ 173 bis 175 des Gerichtsverfassungsgesetzes finden entsprechende Anwendung.

§§ 173—175 GVG.:

§ 173. Die Verkündung des Urteils erfolgt in jedem Falle öffentlich.

Durch einen besonderen Beschluß des Gerichts kann für die Verkündung der Urteilsgründe oder eines Teiles davon die Öffentlichkeit ausgeschlossen werden, wenn sie eine Gefährdung der Staatssicherheit oder eine Gefährdung der Sittlichkeit besorgen läßt.

§ 174. Die Verhandlung über die Ausschließung der Öffentlichkeit findet in nicht öffentlicher Sitzung statt, wenn ein Beteiligter es beantragt oder das Gericht es für angemessen erachtet. Der Beschluß, welcher die Öffentlichkeit ausschließt, muß öffentlich verkündet werden. Bei der Verkündung ist anzugeben, ob die Ausschließung wegen Gefährdung der öffentlichen Ordnung, insbesondere wegen Gefährdung der Staatssicherheit, oder ob sie wegen Gefährdung der Sittlichkeit erfolgt.

Ist die Öffentlichkeit wegen Gefährdung der Staatssicherheit ausgeschlossen, so kann das Gericht den anwesenden Personen die Geheimhaltung von Tatsachen, welche durch die Verhandlung, durch die Anklageschrift oder durch andere amtliche Schriftstücke des Prozesses zu ihrer Kenntnis gelangen, zur Pflicht machen. Der Beschluß ist in das Sitzungsprotokoll aufzunehmen. Gegen ihn findet Beschwerde statt. Die Beschwerde hat keine aufschiebende Wirkung.

§ 175. Der Zutritt zu öffentlichen Verhandlungen kann unerwachsenen und solchen Personen versagt werden, welche sich nicht im Besitze der bürgerlichen Ehrenrechte befinden, oder welche in einer der Würde des Gerichts nicht entsprechenden Weise erscheinen.

Zu nicht öffentlichen Verhandlungen kann der Zutritt einzelnen Personen vom Gerichte gestattet werden. Einer Anhörung der Beteiligten bedarf es nicht.

Die Ausschließung der Öffentlichkeit steht der Anwesenheit der die Dienstaufsicht führenden Beamten der Justizverwaltung bei den Verhandlungen vor dem erkennenden Gerichte nicht entgegen.

§ 53. Befugnisse des Vorsitzenden und der Beisitzer.

Die nicht auf Grund einer mündlichen Verhandlung ergehenden Beschlüsse und Verfügungen erläßt, soweit nichts anderes bestimmt ist, der Vorsitzende allein.

Im übrigen gelten für die Befugnisse des Vorsitzenden und der Beisitzer die Vorschriften der Zivilprozeßordnung über das landgerichtliche Verfahren entsprechend.

§ 54. Güteverfahren.

Die mündliche Verhandlung beginnt, falls kein Güteverfahren vor einer anderen Stelle (§§ 101 bis 105) vereinbart ist, mit einer Verhandlung vor dem Vorsitzenden zum Zwecke der gütlichen Einigung der Parteien (Güteverhandlung). Der Vorsitzende hat zu diesem Zwecke das gesamte Streitverhältnis mit den Parteien unter freier Würdigung aller Umstände zu erörtern. Zur Aufklärung des Sachverhalts kann er alle Handlungen vornehmen, die sofort erfolgen können. Eidliche Vernehmungen und die Auferlegung von Parteieiden sind jedoch ausgeschlossen.

Das Ergebnis der Güteverhandlung, insbesondere der Abschluß eines Vergleichs, ist in die Niederschrift aufzunehmen.

§ 55. **Verhandlung vor dem Vorsitzenden.**

Erscheint eine Partei in der Güteverhandlung nicht oder ist die Güteverhandlung erfolglos, so schließt sich die weitere Verhandlung unmittelbar an; falls dem Hinderungsgründe entgegenstehen, soll sie binnen drei Tagen stattfinden.

Der Vorsitzende entscheidet allein, wenn das Urteil ohne streitige Verhandlung auf Grund des Versäumnisses, des Anerkenntnisses, der Zurücknahme der Klage oder des Verzichts einer Partei ergeht oder wenn die Entscheidung in der an die Güteverhandlung sich unmittelbar anschließenden Verhandlung erfolgen kann und die Parteien sie übereinstimmend beantragen. Dieser Antrag ist in die Niederschrift aufzunehmen.

Erscheinen beide Parteien zur Güteverhandlung nicht, so ist ein Termin zur streitigen Verhandlung zu bestimmen. Das gleiche gilt, falls ein Güteverfahren vor einer anderen Stelle vereinbart ist. Die Vorschriften des zweiten Absatzes finden in diesen Fällen auf die erste Verhandlung Anwendung.

§ 56. **Vorbereitung der streitigen Verhandlung.**

Der Vorsitzende hat die streitige Verhandlung so vorzubereiten, daß sie möglichst in einem Termin zu

Ende geführt werden kann. Er kann zu diesem Zwecke insbesondere die Ladung von Zeugen und Sachverständigen veranlassen, amtliche Äußerungen herbeiführen, schriftliche Unterlagen beiziehen und das persönliche Erscheinen der Parteien anordnen; von diesen Maßnahmen soll er die Parteien benachrichtigen.

§ 57. Verhandlung vor der Kammer.

Die Verhandlung ist möglichst in einem Termin zu Ende zu führen. Ist das nicht durchführbar, insbesondere weil eine Beweisaufnahme nicht sofort stattfinden kann, so ist der weitere Termin sofort zu verkünden.

Die gütliche Erledigung des Rechtsstreits soll während des ganzen Verfahrens angestrebt werden.

§ 58. Beweisaufnahme.

Soweit die Beweisaufnahme am Sitze des Arbeitsgerichts möglich ist, erfolgt sie vor der Kammer. Erfolgt sie nicht am Sitze, aber im Bezirke des Arbeitsgerichts, so kann sie dem Vorsitzenden übertragen werden. Muß sie außerhalb des Bezirkes des Arbeitsgerichts stattfinden, so kann sie dem Vorsitzenden desjenigen Arbeitsgerichts oder, falls dies aus Gründen der örtlichen Lage zweckmäßiger ist, demjenigen Amtsgericht übertragen werden, in dessen Bezirk die Beweisaufnahme erfolgen soll.

Zeugen und Sachverständige werden nur beeidigt, wenn die Kammer dies zur Herbeiführung einer wahrheitsgemäßen Äußerung für notwendig erachtet. In den Fällen des § 377 Abs. 3 und 4 der Zivilprozeßordnung ist die eidesstattliche Versicherung nur erforderlich, wenn die Kammer sie aus dem gleichen Grunde für notwendig hält.

Die Leistung eines zugeschobenen oder zurückgeschobenen Eides wird durch Beweisbeschluß angeordnet.

Erscheint in dem zur Leistung eines Parteieides bestimmten Termin der Schwurpflichtige nicht, so ist der Eid als verweigert anzusehen und das Verfahren fortzusetzen. Der Schwurpflichtige kann sich jedoch binnen einer Notfrist von drei Tagen zur nachträglichen Leistung des Eides erbieten. Ein inzwischen ergangenes Urteil ist, wenn der Eid nachträglich geleistet wird, insoweit aufzuheben, als es auf der Annahme der Eidesverweigerung beruht. Hinsichtlich der Zwangsvollstreckung aus diesem Urteil finden die Vorschriften des § 707 der Zivilprozeßordnung entsprechende Anwendung. Erscheint der Schwurpflichtige auch in dem zur nachträglichen Eidesleistung bestimmten Termin nicht, so ist ein nochmaliges Erbieten zur Eidesleistung unzulässig.

§§ 377 und 707 ZPO.:

§ 377. Die Ladung der Zeugen ist von dem Gerichtsschreiber unter Bezugnahme auf den Beweisbeschluß auszufertigen und von Amts wegen zuzustellen. Das Gericht kann statt der Zustellung eine andere Form der Benachrichtigung anordnen.

Die Ladung muß enthalten:

1. die Bezeichnung der Parteien;
2. den Gegenstand der Vernehmung;

3. die Anweisung, zur Ablegung des Zeugnisses bei Vermeidung der durch das Gesetz angedrohten Strafen in dem nach Zeit und Ort zu bezeichnenden Termin zu erscheinen.

Bildet den Gegenstand der Vernehmung eine Auskunft, die der Zeuge voraussichtlich an der Hand seiner Bücher oder anderer Aufzeichnungen zu geben hat, so kann das Gericht anordnen, daß der Zeuge zum Termin nicht zu erscheinen braucht, wenn er vorher eine schriftliche Beantwortung der Beweisfrage unter eidesstattlicher Versicherung ihrer Richtigkeit einreicht.

Das gleiche kann auch in anderen Fällen geschehen, sofern das Gericht nach Lage der Sache, insbesondere mit Rücksicht auf den Inhalt der Beweisfrage, eine schriftliche Erklärung des Zeugen für ausreichend erachtet und die Parteien damit einverstanden sind.

§ 707. Wird die Wiedereinsetzung in den vorigen Stand oder eine Wiederaufnahme des Verfahrens beantragt, so kann das Gericht auf Antrag anordnen, daß die Zwangsvollstreckung gegen oder ohne Sicherheitsleistung einstweilen eingestellt werde oder nur gegen Sicherheitsleistung stattfinde, und daß die erfolgten Vollstreckungsmaßregeln gegen Sicherheitsleistung aufzuheben seien. Die Einstellung der Zwangsvollstreckung ohne Sicherheitsleistung ist nur zulässig, wenn glaubhaft gemacht wird, daß die Vollstreckung einen nicht zu ersetzenden Nachteil bringen würde.

Die Entscheidung kann ohne vorgängige mündliche Verhandlung erfolgen. Eine Anfechtung des Beschlusses findet nicht statt.

§ 59. Versäumnisverfahren.

Gegen ein Versäumnisurteil kann die Partei, gegen die das Urteil ergangen ist, binnen einer Notfrist von drei Tagen nach seiner Zustellung Einspruch einlegen. Der Einspruch wird beim Arbeitsgerichte schriftlich oder durch Abgabe einer Erklärung zur Niederschrift der Geschäftsstelle eingelegt. Hierauf ist die Partei zugleich mit der Zustellung des Urteils schriftlich hinzuweisen.

§ 60. Verkündung des Urteils.

Zur Verkündung des Urteils kann ein besonderer Termin nur bestimmt werden, wenn die sofortige Verkündung in dem Termin, auf Grund dessen es erlassen wird, aus besonderen Gründen nicht möglich ist. Der Verkündungstermin darf nicht über drei Tage hinaus angesetzt werden. Dies gilt auch dann, wenn ein Urteil nach Lage der Akten erlassen wird.

Bei der Verkündung des Urteils ist, sofern nicht beide Parteien abwesend sind, der wesentliche Inhalt der Entscheidungsgründe mitzuteilen.

Die Wirksamkeit der Verkündung ist von der Anwesenheit der Beisitzer nicht abhängig. Wird ein von der Kammer gefälltes Urteil ohne Zuziehung der Beisitzer verkündet, so ist die Urteilsformel vorher von dem Vorsitzenden und den Beisitzern zu unterschreiben.

Das Urteil nebst Tatbestand und Entscheidungsgründen ist vom Vorsitzenden zu unterschreiben. War es bei der Verkündung noch nicht vollständig schriftlich niedergelegt, so soll es binnen drei Tagen nach der Verkündung in vollständiger Abfassung der Geschäftsstelle übergeben werden.

§ 61. Inhalt des Urteils.

Der Betrag der Kosten ist, soweit er sofort ermittelt werden kann, im Urteil festzustellen; die Entscheidung ist endgültig, soweit nicht die ihr zugrunde liegende Entscheidung über die Kosten des Rechtsstreits abgeändert wird. Ein Anspruch der obsiegenden Partei auf Entschädigung wegen Zeitversäumnis und auf Erstattung der Kosten für die Zuziehung eines Prozeßbevollmächtigten oder Beistandes besteht nicht.

Den Wert des Streitgegenstandes setzt das Arbeitsgericht im Urteil fest.

Findet nach dem Werte des Streitgegenstandes die Berufung nicht statt, so kann sie das Arbeitsgericht im Urteil zulassen, wenn der Rechtsstreit grundsätzliche Bedeutung hat. Das Arbeitsgericht soll die Berufung wegen der grundsätzlichen Bedeutung des Rechtsstreits zulassen, wenn es in der Auslegung einer Rechtsvorschrift von einem ihm im Verfahren vorgelegten Urteil abweicht, das für oder gegen eine Partei des Rechtsstreits ergangen ist, oder wenn über die Auslegung eines Tarifvertrags entschieden wird, den eine Partei des Rechtsstreits abgeschlossen hat und dessen Geltungsbereich sich über den Bezirk des Arbeitsgerichts hinaus erstreckt.

Spricht das Urteil die Verpflichtung zur Vornahme einer Handlung aus, so ist der Beklagte auf Antrag des Klägers zugleich für den Fall, daß die Handlung nicht binnen einer bestimmten Frist vorgenommen ist, zur Zahlung einer vom Arbeitsgerichte nach freiem Ermessen festzusetzenden Entschädigung zu verurteilen. Die Zwangsvollstreckung nach §§ 887, 888 der Zivilprozeßordnung ist ausgeschlossen.

Ein über den Grund des Anspruchs vorab entscheidendes Zwischenurteil ist wegen der Rechtsmittel nicht als Endurteil anzusehen.

§ 62. Zwangsvollstreckung.

Urteile der Arbeitsgerichte, gegen die der Einspruch oder die Berufung zulässig ist, sind vorläufig vollstreckbar. Macht der Beklagte glaubhaft, daß die Vollstreckung ihm einen nicht zu ersetzenden Nachteil bringen würde, so hat das Arbeitsgericht auf seinen Antrag die vorläufige Vollstreckbarkeit im Urteil auszuschließen. In den Fällen des § 707 Abs. 1[1]) und des § 719 Abs. 1 der Zivilprozeßordnung kann die Zwangsvollstreckung nur unter derselben Voraussetzung eingestellt werden.

Im übrigen finden auf die Zwangsvollstreckung einschließlich des Arrestes und der einstweiligen Verfügung die Vorschriften des Achten Buches der Zivilprozeßordnung Anwendung.

[1]) § 707 ZPO. siehe hinter § 58.

§ 719 ZPO.:

§ 719. Wird gegen ein für vorläufig vollstreckbar erklärtes Urteil der Einspruch oder die Berufung eingelegt, so finden die Vorschriften des § 707 entsprechende Anwendung.

Wird Revision gegen ein für vorläufig vollstreckbar erklärtes Urteil eingelegt, so hat das Revisionsgericht auf Antrag anzuordnen, daß die Zwangsvollstreckung einstweilen eingestellt werde, wenn glaubhaft gemacht wird, daß die Vollstreckung einen nicht zu ersetzenden Nachteil bringen würde.

Die Entscheidung kann ohne mündliche Verhandlung erfolgen.

§ 63. Verfahren in besonderen Fällen.

Hat in den Fällen der §§ 86, 87 des Betriebsrätegesetzes[1]) die Betriebsvertretung die Klage erhoben, so wird die vollstreckbare Ausfertigung eines der Klage stattgebenden Urteils dem beteiligten Arbeitnehmer erteilt. Sie wird nur erteilt, wenn der Arbeitnehmer nachweist, daß der Arbeitgeber die Weiterbeschäftigung abgelehnt oder sich binnen der in dem § 87 Abs. 3 des Betriebsrätegesetzes festgesetzten Frist nicht erklärt hat. Der Nachweis kann auch durch Versicherung an Eides Statt geführt werden.

Wird die Klage der Betriebsvertretung abgewiesen, so bleiben die Kosten außer Ansatz.

[1]) §§ 86 u. 87. BRG. abgedruckt hinter § 2.

Zweiter Unterabschnitt.
Berufungsverfahren.

§ 64. Grundsatz.

Gegen die Urteile der Arbeitsgerichte findet, soweit nicht nach § 78 das Rechtsmittel der Beschwerde gegeben ist, die Berufung an die Landesarbeitsgerichte statt, wenn der vom Arbeitsgerichte festgesetzte Wert des Streitgegenstandes den Betrag von dreihundert Reichsmark übersteigt oder wenn das Arbeitsgericht die Berufung wegen der grundsätzlichen Bedeutung des Rechtsstreits zugelassen hat.

Für das Verfahren vor den Landesarbeitsgerichten gelten, soweit das Arbeitsgerichtsgesetz nichts anderes bestimmt, die Vorschriften der Zivilprozeßordnung über die Berufung entsprechend. Die Vorschriften über das Verfahren vor dem Einzelrichter finden keine Anwendung. Die Verordnung zur Entlastung der Gerichte, in der Fassung der Bekanntmachung vom 13. Mai 1924 (Reichsgesetzbl. I S. 552), findet mit Ausnahme ihrer §§ 7, 8 keine Anwendung.

Die Vorschriften des § 49 Abs. 1 und 3, des § 51 Abs. 1, der §§ 52, 53, 56, 58, 59, des § 60 Abs. 1 bis 3 und Abs. 4 Satz 2, des § 61 Abs. 4 und 5 und der §§ 62 und 63 über Ablehnung von Gerichtspersonen, persönliches Erscheinen der Parteien, Öffentlichkeit, Befugnisse des Vorsitzenden und der Beisitzer, Vorbereitung der streitigen Verhandlung, Beweisaufnahme, Versäumnisverfahren, Verkündung des Urteils, Inhalt des Urteils, Zwangsvollstreckung und Verfahren in besonderen Fällen gelten entsprechend.

§§ 7 und 8 d. VO. v. 13. 5. 24:

§ 7. Mit Einverständnis der Parteien kann das Gericht eine Entscheidung ohne mündliche Verhandlung treffen. Die Verkündung der Entscheidung wird durch schriftliche Mitteilung ersetzt; bei Urteilen ist die Urteilsformel durch Zustellung mitzuteilen.

§ 8. Ein gemäß § 7 ohne mündliche Verhandlung geführtes Verfahren steht hinsichtlich der Gerichtskosten und der Anwaltsgebühren einem Verfahren mit mündlicher Verhandlung gleich. Wird nach einem Beweisaufnahmeverfahren ohne mündliche Verhandlung entschieden, so steht dem Rechtsanwalt in jedem Falle die erhöhte Verhandlungsgebühr (§ 17 der Gebührenordnung für Rechtsanwälte) zu.

§ 65. Beschränkung der Berufung.

Auf Mängel des Verfahrens bei der Berufung der Beisitzer oder auf Umstände, die die Berufung eines Beisitzers zu seinem Amte ausschließen, kann die Berufung nicht gestützt werden.

§ 66. Einlegung der Berufung, Terminsbestimmung.

Die Berufungsfrist und die Frist für die Berufungsbegründung betragen je zwei Wochen.

Die Bestimmung des Termins zur mündlichen Verhandlung muß, wenn nicht die Berufung nach § 519b der Zivilprozeßordnung ohne mündliche Verhandlung als unzulässig verworfen wird, unverzüglich erfolgen. Die Vorschriften des § 519 Abs. 6 der Zivilprozeßordnung über die vorherige Zahlung der Prozeßgebühr finden keine Anwendung.

§§ 519b und 519 ZPO.:

§ 519b. Das Berufungsgericht hat von Amts wegen zu prüfen, ob die Berufung an sich statthaft und ob die Einlegung und Begründung in der gesetzlichen Frist und Form erfolgt ist. Mangelt es an einem dieser Erfordernisse, so ist die Berufung als unzulässig zu verwerfen.

Die Entscheidung kann ohne mündliche Verhandlung durch Beschluß erfolgen; sie unterliegt in diesem Falle der sofortigen Beschwerde, sofern gegen ein Urteil gleichen Inhalts die Revision zulässig wäre.

§ 519. Der Berufungskläger muß die Berufung begründen.

Die Berufungsbegründung erfolgt, sofern sie nicht bereits in der Berufungsschrift enthalten ist, durch Einreichung eines Schriftsatzes bei dem Berufungsgerichte. Die Frist für die Berufungsbegründung beträgt einen Monat; sie beginnt mit der Einlegung der Berufung und kann auf Antrag von dem Vorsitzenden verlängert werden.

Die Berufungsbegründung muß enthalten:

1. die Erklärung, inwieweit das Urteil angefochten wird und welche Abänderungen des Urteils beantragt werden (Berufungsanträge);
2. die Angabe der neuen Tatsachen, Beweismittel und Beweiseinreden, welche die Partei geltend zu machen beabsichtigt.

In der Berufungsbegründung soll ferner der Wert des nicht in einer bestimmten Geldsumme bestehenden Beschwerdegegenstandes angegeben werden, wenn von ihm die Zulässigkeit der Berufung abhängt.

Die allgemeinen Bestimmungen über die vorbereitenden Schriftsätze finden auch auf die Berufungsbegründung Anwendung.

Sofern nicht dem Berufungskläger das Armenrecht bewilligt ist oder Gebührenfreiheit zusteht, hat der Vorsitzende eine Frist zu bestimmen, innerhalb deren der Berufungskläger den Nachweis zu erbringen hat, daß er die für die Berufungsinstanz von ihm erforderte Prozeßgebühr gezahlt hat. Die Frist kann auf Antrag von dem Vorsitzenden verlängert werden. Wird der Nachweis nicht vor Ablauf der Frist erbracht, so gilt die Berufung als nicht in der gesetzlichen Form begründet. Hat der Berufungskläger die Bewilligung des Armenrechts vor Ablauf der Frist beantragt, so wird der Lauf der Frist bis zum Ablauf von zwei Wochen nach Zustellung des auf dieses Gesuch ergehenden Beschlusses und, wenn vor Ablauf der Frist gegen den Beschluß Beschwerde eingelegt wird, bis zur

Zustellung des auf die Beschwerde ergehenden Beschlusses gehemmt.

§ 67. **Neue Tatsachen und Beweismittel.**

Soweit das Vorbringen neuer Tatsachen und Beweismittel nach § 529 Abs. 1 und 2 der Zivilprozeßordnung zulässig ist, sind sie vom Berufskläger in der Berufungsbegründung, vom Berufsbeklagten spätestens in der ersten mündlichen Verhandlung anzubringen. Werden sie später angebracht, so sind sie nur zuzulassen, wenn sie nach der Berufungsbegründung oder nach der ersten mündlichen Verhandlung entstanden sind oder das verspätete Vorbringen nach der freien Überzeugung des Landesarbeitsgerichts nicht auf Verschulden der Partei beruht.

§ 529 ZPO.:

§ 529. Die Parteien können Angriffs- und Verteidigungsmittel, welche in erster Instanz nicht geltend gemacht sind, insbesondere neue Tatsachen und Beweismittel vorbringen.

Angriffs- und Verteidigungsmittel sowie Beweismittel und Beweiseinreden, die in erster Instanz nicht geltend gemacht worden sind, können zurückgewiesen werden, wenn durch deren Zulassung die Erledigung des Rechtsstreits verzögert werden würde und nach der freien Überzeugung des Gerichts die Partei in der Absicht, den Prozeß zu verschleppen, oder aus grober Nachlässigkeit sie nicht früher vorgebracht hat. Das gleiche gilt von solchem Vorbringen, das in erster Instanz nach den §§ 279, 279a, 283 Abs. 2 zurückgewiesen worden ist.

Die Vorschrift des Abs. 2 findet entsprechende Anwendung, wenn der Berufungskläger ein neues Vorbringen, dessen Geltendmachung in der Berufungsinstanz zulässig ist, entgegen der Vorschrift des § 519 nicht in der Berufungsbegründung mitgeteilt hat.

§ 68. Zurückverweisung.

Wegen eines Mangels im Verfahren des Arbeitsgerichts ist die Zurückverweisung nicht zulässig[1]).

[1]) Siehe E. über § 68 S. 53.

§ 539 ZPO.:

§ 539. Leidet das Verfahren erster Instanz an einem wesentlichen Mangel, so kann das Berufungsgericht unter Aufhebung des Urteils und des Verfahrens, soweit das letztere durch den Mangel betroffen wird, die Sache an das Gericht erster Instanz zurückverweisen.

§ 69. Urteil.

Das Urteil ist von den Mitgliedern der Kammer zu unterschreiben.

Hat sich der Wert des Streitgegenstandes nach der Verkündung des Urteils des Arbeitsgerichts geändert, so setzt ihn das Landesarbeitsgericht im Urteil neu fest.

Findet nach dem Werte des Streitgegenstandes die Revision nicht statt, so kann sie das Landesarbeitsgericht im Urteil zulassen, wenn der Rechtsstreit grundsätzliche Bedeutung hat.

§ 70. Ausschluß der Beschwerde.

Gegen Beschlüsse und Verfügungen des Landesarbeitsgerichts oder seines Vorsitzenden findet außer

im Falle der Verwerfung der Berufung nach § 519b[1]) Abs. 2 der Zivilprozeßordnung kein Rechtsmittel statt.

1) § 519b ZPO. siehe hinter § 66.

§ 71. Verfahren in besonderen Fällen.

In den Fällen der §§ 86, 87 des Betriebsrätegesetzes[1]) kann die Betriebsvertretung nur dann die Berufung einlegen oder für den Berufungsbeklagten eintreten, wenn sie die Klage beim Arbeitsgericht erhoben hatte.

1) §§ 86, 87 BRG. siehe hinter § 2.

Dritter Unterabschnitt.

Revisionsverfahren.

§ 72. Grundsatz.

Gegen die Urteile der Landesarbeitsgerichte im Berufungsverfahren in Rechtsstreitigkeiten nach § 2 Nr. 1 bis 3 und nach § 3 findet die Revision an das Reichsarbeitsgericht statt, wenn der vom Arbeitsgericht oder vom Landesarbeitsgerichte festgesetzte Wert des Streitgegenstandes die in der ordentlichen bürgerlichen Gerichtsbarkeit geltende Revisionsgrenze übersteigt oder wenn das Landesarbeitsgericht die Revision wegen der grundsätzlichen Bedeutung des Rechtsstreits zugelassen hat. Gegen Urteile, durch welche über die Anordnung, Abänderung oder Aufhebung eines Arrestes oder einer einstweiligen Verfügung entschieden wird, ist die Revision nicht zulässig.

Für das Verfahren vor dem Reichsarbeitsgerichte gelten, soweit das Arbeitsgerichtsgesetz nichts anderes

bestimmt, die für die Revision maßgebenden Vorschriften der Zivilprozeßordnung entsprechend.

Die Vorschriften des § 49 Abs. 1, der §§ 52 und 53 und des § 61 Abs. 4 und 5 über Ablehnung von Gerichtspersonen, Öffentlichkeit, Befugnisse des Vorsitzenden und der Beisitzer und Inhalt des Urteils gelten entsprechend.

§ 73. Revisionsgründe.

Die Revision kann nur darauf gestützt werden, daß das Urteil des Landesarbeitsgerichts auf der Nichtanwendung oder der unrichtigen Anwendung einer gesetzlichen Bestimmung oder einer die Regelung der einzelnen Arbeitsverträge betreffenden Bestimmung eines Tarifvertrags beruhe.

Auf die unrichtige Annahme der örtlichen Zuständigkeit, auf Mängel des Verfahrens bei der Berufung der Beisitzer oder auf Umstände, die die Berufung eines Beisitzers zu seinem Amte ausschließen, kann die Revision nicht gestützt werden.

§ 74. Einlegung der Revision, Terminsbestimmung.

Die Revisionsfrist und die Frist für die Revisionsbegründung betragen je zwei Wochen.

Die Bestimmung des Termins zur mündlichen Verhandlung muß, wenn nicht die Revision nach § 554a der Zivilprozeßordnung ohne mündliche Verhandlung als unzulässig verworfen wird, unverzüglich erfolgen. Die Vorschriften des § 554 Abs. 7 der Zivilprozeßordnung über die vorherige Zahlung der Prozeßgebühr finden keine Anwendung.

§§ 554a, 554 Abs. 7 ZPO.:

§ 554a. Das Revisionsgericht hat von Amts wegen zu prüfen, ob die Revision an sich statthaft und ob die Einlegung und Begründung in der gesetzlichen Form und Frist erfolgt sei. Mangelt es an einem dieser Erfordernisse, so ist die Revision als unzulässig zu verwerfen.

Die Entscheidung kann ohne vorgängige mündliche Verhandlung durch Beschluß erfolgen.

§ 554. (7) Sofern nicht dem Revisionskläger das Armenrecht bewilligt ist oder Gebührenfreiheit zusteht, hat der Vorsitzende eine Frist zu bestimmen, innerhalb deren der Revisionskläger den Nachweis zu erbringen hat, daß er die für die Revisionsinstanz von ihm erforderte Prozeßgebühr gezahlt hat. Wird der Nachweis nicht vor dem Ablauf der Frist erbracht, so gilt die Revision als nicht in gesetzlicher Form begründet. Hat der Revisionskläger die Bewilligung des Armenrechts vor Ablauf der Frist beantragt, so wird der Lauf der Frist bis zum Ablauf von zwei Wochen nach Zustellung des auf dieses Gesuch ergehenden Beschlusses gehemmt.

§ 75. Urteil.

Die Wirksamkeit der Verkündung des Urteils ist von der Anwesenheit der nichtrichterlichen Beisitzer nicht abhängig. Wird ein Urteil ohne Zuziehung der nichtrichterlichen Beisitzer verkündet, so ist die Urteilsformel vorher von den Vorsitzenden und den Beisitzern zu unterschreiben.

Das Urteil nebst Tatbestand und Entscheidungsgründen ist von dem Vorsitzenden und den Beisitzern zu unterschreiben.

§ 76. Sprungrevision.

Gegen die Urteile der Arbeitsgerichte kann unter Übergehung des Berufungsverfahrens unmittelbar die Revision beim Reichsarbeitsgericht eingelegt werden (Sprungrevision), wenn der Wert des Streitgegenstandes die Revisionsgrenze übersteigt und wenn der Gegner einwilligt oder der Reichsarbeitsminister die sofortige Entscheidung des Rechtsstreits durch das Reichsarbeitsgericht im Interesse der Allgemeinheit für notwendig erklärt. Die Erklärung des Gegners oder des Reichsarbeitsministers ist der Revisionsschrift beizufügen.

Die Sprungrevision ist unzulässig, wenn vor dem Tage ihrer Einlegung die Berufung beim Landesarbeitsgericht eingelegt war. Ist die Sprungrevision zulässig, so schließt ihre Einlegung die Berufung für beide Parteien aus.

Die Vorschriften des § 566a Abs. 3 und 5 bis 7 der Zivilprozeßordnung gelten entsprechend.

§ 566 a. Abs. 3 und 5—7 ZPO.:

566 a. (3) Die Revision kann nicht auf Mängel des Verfahrens gestützt werden.

(5) Verweist das Revisionsgericht die Sache zur anderweitigen Verhandlung und Entscheidung zurück, so kann die Zurückverweisung nach seinem Ermessen auch an dasjenige Oberlandesgericht erfolgen, das für die Berufung zuständig gewesen wäre. In diesem Falle gelten für das Verfahren vor dem Oberlandesgerichte die gleichen Grundsätze, wie wenn der Rechtsstreit auf eine ordnungsmäßig eingelegte Berufung beim Oberlandesgericht anhängig geworden wäre.

(6) Die Vorschrift im § 565 Abs. 2 findet in allen Fällen der Zurückverweisung entsprechende Anwendung.

(7) Von der Einlegung der Revision nach Abs. 1 hat der Gerichtsschreiber des Revisionsgerichts innerhalb vierundzwanzig Stunden dem Gerichtsschreiber des Landgerichts Nachricht zu geben.

§ 77. Revisionsbeschwerde.

Für die Entscheidung über die sofortige Beschwerde nach § 519b[1]) Abs. 2 der Zivilprozeßordnung ist das Reichsarbeitsgericht zuständig. Die Vorschriften der Zivilprozeßordnung[2]) über die sofortige Beschwerde gelten entsprechend. Die Entscheidung ergeht ohne Zuziehung der nichtrichterlichen Beisitzer.

[1]) § 519b ZPO. siehe hinter § 66.

[2]) § 577 ZPO.:

§ 577. Für die Fälle der sofortigen Beschwerde gelten die nachfolgenden besonderen Bestimmungen.

Die Beschwerde ist binnen einer Notfrist von zwei Wochen, welche mit der Zustellung, in den Fällen der §§ 336 und 952 Abs. 4 mit der Verkündung der Entscheidung, beginnt, einzulegen. Die Einlegung bei dem Beschwerdegerichte genügt zur Wahrung der Notfrist, auch wenn der Fall für dringlich nicht erachtet wird. Liegen die Erfordernisse der Nichtigkeits- oder der Restitutionsklage vor, so kann die Beschwerde auch nach Ablauf der Notfrist innerhalb der für diese Klagen geltenden Notfristen erhoben werden.

Das Gericht ist zu einer Änderung seiner der Beschwerde unterliegenden Entscheidung nicht befugt.

In den Fällen des § 576 muß auf dem für die Einlegung der Beschwerde vorgeschriebenen Wege die Entscheidung des Prozeßgerichts binnen der Notfrist nachgesucht werden. Das Prozeßgericht hat das Gesuch, wenn es demselben nicht entsprechen will, dem Beschwerdegerichte vorzulegen.

Vierter Unterabschnitt.
Beschwerdeverfahren.

§ 78.

Hinsichtlich der Beschwerden gegen Entscheidungen der Arbeitsgerichte oder ihrer Vorsitzenden gelten die für die Beschwerden gegen Entscheidungen der Amtsgerichte maßgebenden Vorschriften der Zivilprozeßordnung entsprechend. Über die Beschwerde entscheidet das Landesarbeitsgericht.

Eine weitere Beschwerde findet nicht statt.

Fünfter Unterabschnitt.
Wiederaufnahme des Verfahrens.

§ 79.

Die Vorschriften der Zivilprozeßordnung über die Wideraufnahme des Verfahrens gelten für Rechtsstreitigkeiten nach § 2 Nr. 1 bis 4 und nach § 3 entsprechend. Die Nichtigkeitsklage kann jedoch nicht auf Mängel des Verfahrens bei der Berufung der Beisitzer oder auf Umstände, die die Berufung eines Beisitzers zu seinem Amte ausschließen, gestützt werden.

Zweiter Abschnitt.
Beschlußverfahren.

Erster Unterabschnitt.
Erster Rechtszug.

§ 80. **Grundsatz.**

Das Beschlußverfahren findet in den im § 2 Nr. 5 bezeichneten Fällen Anwendung.

Für das Beschlußverfahren des ersten Rechtszugs gelten die für das Urteilsverfahren des ersten Rechtszugs maßgebenden Vorschriften über Öffentlichkeit, Ausschließung und Ablehnung von Gerichtspersonen, Prozeßfähigkeit, persönliches Erscheinen der Parteien, Zustellungen, Ladungen, Termine und Fristen, Befugnisse des Vorsitzenden und der Beisitzer, Beweisaufnahme und Wiedereinsetzung in den vorigen Stand entsprechend, soweit sich aus den §§ 81 bis 84 nichts anderes ergibt.

§ 81. Antrag.

Das Verfahren wird nur auf Antrag eingeleitet; der Antrag ist bei dem Arbeitsgerichte schriftlich einzureichen oder bei seiner Geschäftsstelle mündlich zur Niederschrift anzubringen.

Der Antrag kann jederzeit in derselben Form zurückgenommen werden. In diesem Falle ist das Verfahren vom Vorsitzenden des Arbeitsgerichts einzustellen. Von der Einstellung ist den Beteiligten Kenntnis zu geben, soweit ihnen der Antrag vom Arbeitsgerichte mitgeteilt worden ist.

§ 82. Örtliche Zuständigkeit.

Zuständig ist das Arbeitsgericht, in dessen Bezirk die Betriebsvertretung ihre Geschäfte führt oder führen soll.

§ 83. Verfahren.

In dem Verfahren sind der Arbeitgeber, die Arbeitnehmer und die Betriebsvertretungen zu hören, die nach dem Betriebsrätegesetz im einzelnen

Falle beteiligt sind. Der Vorsitzende des Arbeitsgerichts entscheidet, ob die Beteiligten mündlich oder schriftlich zu hören sind. Die mündliche Anhörung erfolgt vor der Kammer.

Äußert sich ein Beteiligter trotz Aufforderung nicht oder bleibt er auf Ladung unentschuldigt aus, so ist der Pflicht zur Anhörung genügt.

Zur Aufklärung des Sachverhalts können Urkunden eingesehen, Auskünfte eingeholt, Zeugen und Sachverständige vernommen und der Augenschein eingenommen werden. Die Vernehmung von Zeugen und Sachverständigen und die Einnahme des Augenscheins erfolgt durch die Kammer. Der Vorsitzende kann diese Maßnahmen vorbereiten.

§ 84. **Beschluß.**

Auf Grund der Ergebnisse des Verfahrens beschließt die Kammer nach freier Überzeugung. Der entscheidende Teil des Beschlusses ist schriftlich abzufassen. Wird er auf Grund mündlicher Anhörung erlassen, so ist er vom Vorsitzenden zu verkünden; falls hierbei Beteiligte anwesend sind, ist dabei der wesentliche Inhalt der Gründe mitzuteilen.

Die Wirksamkeit der Verkündung ist von der Anwesenheit der Beisitzer nicht abhängig. Wird der Beschluß ohne Zuziehung der Beisitzer verkündet, so ist der entscheidende Teil des Beschlusses vorher von dem Vorsitzenden und den Beisitzern zu unterschreiben.

Der Beschluß nebst Gründen ist vom Vorsitzenden zu unterschreiben. War er bei der Verkündung noch nicht vollständig schriftlich niedergelegt, so soll er binnen drei Tagen nach der Verkündung in vollständiger Abfassung der Geschäftsstelle übergeben werden.

Der Beschluß ist den Beteiligten von Amts wegen zuzustellen.

Zweiter Unterabschnitt.
Rechtsbeschwerdeverfahren.

§ 85. Grundsatz.

Gegen die das Verfahren beendenden Beschlüsse der Arbeitsgerichte findet die Rechtsbeschwerde statt. Für die Entscheidung über Rechtsbeschwerden sind die Landesarbeitsgerichte zuständig. Betrifft das Beschlußverfahren Unternehmungen oder Verwaltungen, die sich über den Bezirk eines Landes hinaus erstrecken oder die hinsichtlich der dienstlichen Verhältnisse der Arbeitnehmer der Aufsicht des Reichs unterstehen, so ist für die Entscheidung über Rechtsbeschwerden das Reichsarbeitsgericht zuständig.

Für das Rechtsbeschwerdeverfahren gelten die für das Revisionsverfahren maßgebenden Vorschriften über Öffentlichkeit, Ausschließung und Ablehnung der Gerichtspersonen, Prozeßfähigkeit, Zustellungen, Ladungen, Termine und Fristen, Befugnisse des Vorsitzenden und der Beisitzer und Wiedereinsetzung in den vorigen Stand entsprechend, soweit sich aus den §§ 86 bis 89 nichts anderes ergibt. Zustellungen und Ladungen erfolgen im Rechtsbeschwerdeverfahren von Amts wegen.

Die Einlegung der Rechtsbeschwerde hat aufschiebende Wirkung.

§ 86. Rechtsbeschwerdegründe.

Die Rechtsbeschwerde kann nur darauf gestützt werden, daß der Beschluß des Arbeitsgerichts auf der Nichtanwendung oder der unrichtigen Anwendung einer gesetzlichen Bestimmung beruhe.

Auf die unrichtige Annahme der örtlichen Zuständigkeit, auf Mängel des Verfahrens bei der Berufung der Beisitzer oder auf Umstände, die die Berufung eines Beisitzers zu seinem Amte ausschließen, kann die Rechtsbeschwerde nicht gestützt werden.

§ 87. Einlegung.

Die Rechtsbeschwerde wird durch Einreichung einer Beschwerdeschrift beim Beschwerdegericht oder durch Erklärung zur Niederschrift der Geschäftsstelle des Arbeitsgerichts, das den angefochtenen Beschluß erlassen hat, eingelegt. Sie ist binnen einer Notfrist von zwei Wochen nach der Zustellung des angefochtenen Beschlusses einzulegen.

Die die Rechtsbeschwerde enthaltende Schrift muß angeben, inwieweit die Abänderung des angefochtenen Beschlusses beantragt wird, welche Bestimmungen verletzt sein sollen und worin die Verletzung bestehen soll.

Ist die Rechtsbeschwerde nicht in der gesetzlichen Form oder Frist eingelegt, so verwirft sie der Vorsitzende des Beschwerdegerichts als unzulässig. Der

Beschluß ist endgültig. Er ist dem Beschwerdeführer zuzustellen.

Die Rechtsbeschwerde kann jederzeit in der für ihre Einlegung vorgeschriebenen Form zurückgenommen werden. Im Falle der Zurücknahme stellt der Vorsitzende das Verfahren ein. Er gibt hiervon den Beteiligten Kenntnis, soweit ihnen die Rechtsbeschwerde zugestellt worden ist.

§ 88. Verfahren.

Die die Rechtsbeschwerde enthaltende Schrift wird den Beteiligten zur Äußerung zugestellt. Die Äußerung erfolgt durch Einreichung eines Schriftsatzes beim Beschwerdegericht oder durch Erklärung zur Niederschrift der Geschäftsstelle des Arbeitsgerichts, das den angefochtenen Beschluß erlassen hat. Geht von einem Beteiligten die Äußerung nicht rechtzeitig ein, so steht dies dem Fortgang des Verfahrens nicht entgegen.

Gegen Beschlüsse und Verfügungen des Landesarbeitsgerichts oder seiner Vorsitzenden findet kein Rechtsmittel statt.

§ 89. Entscheidung.

Über die Rechtsbeschwerde entscheidet die Kammer (der Senat) des Beschwerdegerichts durch Beschluß. Eine Zurückverweisung an das Arbeitsgericht ist nicht zulässig. Der Beschluß ist endgültig.

Der Beschluß nebst Gründen ist vom Vorsitzenden zu unterschreiben und den Beteiligten zuzustellen. Er soll der Gerichtsschreiberei binnen drei Tagen nach der Beschlußfassung in vollständiger Abfassung übergeben werden.

Dritter Unterabschnitt.
Beschwerdeverfahren.

§ 90.

Die Vorschriften des § 78 finden Anwendung.

Vierter Teil.
Vereinbarter Ausschluß der Arbeitsgerichtsbarkeit. Vereinbarte Vorverfahren.

Erster Abschnitt.
Schiedsvertrag in Arbeitsstreitigkeiten.

§ 91. **Grundsatz.**

Für bürgerliche Rechtsstreitigkeiten aus einem Arbeits- oder Lehrverhältnis, das sich nach einem Tarifvertrage bestimmt, können die Parteien des Tarifvertrags die Arbeitsgerichtsbarkeit im Tarifvertrage durch die ausdrückliche Vereinbarung ausschließen, daß die Entscheidung durch ein Schiedsgericht erfolgen soll. Die Wirkung dieser Vereinbarung erstreckt sich nicht auf solche Parteien eines Arbeits- oder Lehrverhältnisses, die dem Tarifvertrage nur durch die Erklärung seiner allgemeinen Verbindlichkeit unterworfen sind.

Die Parteien des streitigen Rechtsverhältnisses können, allgemein oder für den Einzelfall, auch im voraus, eine derartige Vereinbarung treffen:

1. für bürgerliche Rechtsstreitigkeiten nach § 2 Nr. 1;
2. für bürgerliche Rechtsstreitigkeiten nach § 2 Nr. 2, wenn der beteiligte Arbeitnehmer ein Angestellter ist und sein Jahresarbeitseinkommen die im Angestelltenversicherungsgesetze vorgesehene Grenze für die Versicherungspflicht überschreitet.

§ 92. Prozeßhindernde Einrede.

Der Schiedsvertrag in Arbeitsstreitigkeiten begründet im arbeitsgerichtlichen Verfahren eine prozeßhindernde Einrede.

Die Einrede entfällt:

1. wenn in einem Falle, in dem die Streitparteien selbst die Mitglieder des Schiedsgerichts zu ernennen haben, der Kläger dieser Pflicht nachgekommen ist, der Beklagte aber die Ernennung nicht binnen einer Woche nach der Aufforderung des Klägers vorgenommen hat;
2. wenn in einem Falle, in dem nicht die Streitparteien, sondern die Parteien des Schiedsvertrags die Mitglieder des Schiedsgerichts zu ernennen haben, das Schiedsgericht nicht gebildet ist und die den Parteien des Schiedsvertrags von dem Vorsitzenden des Arbeits-

gerichts gesetzte Frist zur Bildung des Schiedsgerichts fruchtlos verstrichen ist;

3. wenn das nach dem Schiedsvertrage gebildete Schiedsgericht die Durchführung des Verfahrens verzögert und die ihm von dem Vorsitzenden des Arbeitsgerichts gesetzte Frist zur Durchführung des Verfahrens fruchtlos verstrichen ist;

4. wenn das Schiedsgericht den Parteien des streitigen Rechtsverhältnisses anzeigt, daß die Abgabe eines Schiedsspruchs wegen Stimmengleichheit unmöglich ist.

In den Fällen des Abs. 2 Nr. 2 und 3 erfolgt die Bestimmung der Frist auf Antrag des Klägers durch den Vorsitzenden des Arbeitsgerichts, das für die Geltendmachung des Anspruchs zuständig wäre.

Liegt eine der Voraussetzungen des zweiten Absatzes für den Fortfall der Einrede vor, so ist eine schiedsgerichtliche Entscheidung des Rechtsstreits auf Grund des Schiedsvertrags in Arbeitsstreitigkeiten ausgeschlossen.

§ 93. Zusammensetzung des Schiedsgerichts.

Das Schiedsgericht muß, sofern es nicht für einen bestimmten Einzelfall vereinbart ist, aus einer gleichen Zahl von Arbeitgebern und Arbeitnehmern bestehen; außerdem können ihm Unparteiische angehören. Personen, denen die bürgerlichen Ehrenrechte oder die Fähigkeit zur Bekleidung öffentlicher Ämter aberkannt sind, dürfen ihm nicht angehören.

Als Schiedsgericht kann auch eine den Vorschriften des Abs. 1 in ihrer Zusammensetzung entsprechende Behörde oder Einrichtung vereinbart werden. In diesem Falle tritt beim Fortfall eines Mitglieds dessen bestimmungsmäßiger Vertreter an seine Stelle.

Minderjährige, Taube und Stumme können als Mitglieder des Schiedsgerichts abgelehnt werden. Außerdem können Mitglieder des Schiedsgerichts unter denselben Voraussetzungen abgelehnt werden, die zur Ablehnung eines Richters berechtigen.

Über die Ablehnung beschließt die Kammer des Arbeitsgerichts, das für die Geltendmachung des Anspruchs zuständig wäre. Vor dem Beschlusse sind die Streitparteien und das abgelehnte Mitglied des Schiedsgerichts zu hören. Der Vorsitzende des Arbeitsgerichts entscheidet, ob sie mündlich oder schriftlich zu hören sind. Die mündliche Anhörung erfolgt vor der Kammer. Gegen den Beschluß findet kein Rechtsmittel statt.

§ 94. Verfahren vor dem Schiedsgerichte.

Das Verfahren vor dem Schiedsgerichte regelt sich nach dessen freiem Ermessen, soweit der Schiedsvertrag oder die §§ 95 bis 100 nichts anderes bestimmen.

§ 95. Anhörung der Parteien.

Vor der Fällung des Schiedsspruchs sind die Streitparteien zu hören.

Die Anhörung erfolgt, soweit der Schiedsvertrag nichts anderes bestimmt, mündlich. Die Parteien haben persönlich zu erscheinen oder sich durch einen mit schriftlicher Vollmacht versehenen Bevollmächtigten vertreten zu lassen. Die Vollmachtsurkunde ist stempelfrei. Ihre Beglaubigung kann nicht verlangt werden. Die Vorschrift des § 11 Abs. 1 gilt entsprechend, soweit der Schiedsvertrag nichts anderes bestimmt.

Bleibt eine Partei in der Verhandlung unentschuldigt aus oder äußert sie sich trotz Aufforderung nicht, so ist der Pflicht zur Anhörung genügt.

§ 96. Beweisaufnahme.

Das Schiedsgericht kann Beweise erheben, soweit die Beweismittel ihm zur Verfügung gestellt werden. Zeugen und Sachverständige kann das Schiedsgericht nicht beeidigen, eidesstattliche Versicherungen nicht verlangen oder entgegennehmen.

Hält das Schiedsgericht eine Beweiserhebung für erforderlich, die es nicht vornehmen kann, so ersucht es um die Vornahme den Vorsitzenden desjenigen Arbeitsgerichts oder, falls dies aus Gründen der örtlichen Lage zweckmäßiger ist, dasjenige Amtsgericht, in dessen Bezirk die Beweisaufnahme erfolgen soll. Entsprechend ist zu verfahren, wenn das Schiedsgericht die Beeidigung eines Zeugen oder Sachverständigen zur Herbeiführung einer wahrheitsgemäßen Äußerung für notwendig erachtet. Die durch die Rechtshilfe entstehenden baren Auslagen sind dem Gerichte zu ersetzen; §§ 77, 79 des Gerichtskostengesetzes finden entsprechende Anwendung.

Der Parteieid ist im schiedsgerichtlichen Verfahren ausgeschlossen.

§§ 77, 79 GKG.:

§ 77. In bürgerlichen Rechtsstreitigkeiten ist Schuldner der Gebühren und Auslagen derjenige, der das Verfahren der Instanz beantragt hat.

§ 79. Schuldner der Gebühren und Auslagen ist ferner derjenige, dem durch eine unbedingte gerichtliche Entscheidung die Kosten des Verfahrens auferlegt sind, oder der sie durch eine vor dem Gericht abgegebene oder ihm mitgeteilte Erklärung übernommen hat.

§ 97. **Vergleich.**

Ein vor dem Schiedsgerichte geschlossener Vergleich ist unter Angabe des Tages seines Zustandekommens von den Streitparteien und den Mitgliedern des Schiedsgerichts zu unterschreiben. Er ist stempelfrei.

§ 98. **Schiedsspruch.**

Der Schiedsspruch ergeht mit einfacher Mehrheit der Stimmen der Mitglieder des Schiedsgerichts, falls der Schiedsvertrag nichts anderes bestimmt.

Der Schiedsspruch ist unter Angabe des Tages seiner Fällung von den Mitgliedern des Schiedsgerichts zu unterschreiben und muß schriftlich begründet werden, soweit die Parteien nicht auf schriftliche Begründung ausdrücklich verzichten. Eine vom Verhandlungsleiter unterschriebene Ausfertigung des Schiedsspruchs ist jeder Streitpartei zuzustellen. Die Zustellung kann durch eingeschriebenen Brief erfolgen.

Eine vom Verhandlungsleiter unterschriebene Ausfertigung des Schiedsspruchs soll bei dem Arbeitsgerichte, das für die Geltendmachung des Anspruchs zuständig wäre, niedergelegt werden. Die Akten des Schiedsgerichts oder Teile der Akten können ebenfalls dort niedergelegt werden.

Der Schiedsspruch hat unter den Parteien dieselben Wirkungen wie ein rechtskräftiges Urteil des Arbeitsgerichts. Er ist stempelfrei.

§ 99. Zwangsvollstreckung.

Die Zwangsvollstreckung findet aus dem Schiedsspruch oder aus einem vor dem Schiedsgerichte geschlossenen Vergleiche nur statt, wenn der Schiedsspruch oder der Vergleich von dem Vorsitzenden des Arbeitsgerichts, das für die Geltendmachung des Anspruchs zuständig wäre, für vollstreckbar erklärt worden ist. Der Vorsitzende hat vor der Erklärung den Gegner zu hören. Wird nachgewiesen, daß auf Aufhebung des Schiedsspruchs geklagt ist, so ist die Entscheidung bis zur Erledigung dieses Rechtsstreits auszusetzen.

Die Entscheidung des Vorsitzenden ist endgültig. Sie ist den Parteien zuzustellen.

§ 100. Aufhebungsklage.

Auf Aufhebung des Schiedsspruchs kann geklagt werden:

1. wenn das schiedsgerichtliche Verfahren unzulässig war;
2. wenn der Schiedsspruch gegen zwingende gesetzliche Vorschriften verstößt;

3. wenn die Voraussetzungen vorliegen, unter denen gegen ein gerichtliches Urteil nach § 580 Nr. 2 bis 5 der Zivilprozeßordnung die Restitutionsklage zulässig wäre.

Für die Klage ist das Arbeitsgericht zuständig, das für die Geltendmachung des Anspruchs zuständig wäre.

Die Klage ist binnen einer Notfrist von zwei Wochen zu erheben. Die Frist beginnt in den Fällen des Abs. 1 Nr. 1 und 2 mit der Zustellung des Schiedsspruchs. In dem Falle des Abs. 1 Nr. 3 beginnt sie mit der Rechtskraft des Urteils, das die Verurteilung wegen der strafbaren Handlung ausspricht, oder mit dem Tage, an dem der Partei bekannt geworden ist, daß die Einleitung oder die Durchführung des Verfahrens nicht erfolgen kann; nach Ablauf von zehn Jahren, von der Zustellung des Schiedsspruchs an gerechnet, ist die Klage unstatthaft.

Ist der Schiedsspruch für vollstreckbar erklärt, so ist in dem der Klage stattgebenden Urteil auch die Aufhebung der Vollstreckbarkeitserklärung auszusprechen.

Gegen das Urteil des Arbeitsgerichts findet kein Rechtsmittel statt.

Zweiter Abschnitt.

Gütevertrag.

§ 101. Grundsatz.

Soweit die Vertragsparteien nach § 91 einen Schiedsvertrag in Arbeitsstreitigkeiten schließen können, können sie auch ohne Ausschluß der Arbeitsgerichtsbarkeit vereinbaren, daß dem arbeitsgerichtlichen Verfahren ein Einigungsverfahren vor einer vereinbarten Gütestelle vorausgehen soll (Gütevertrag).

Der Gütevertrag begründet im arbeitsgerichtlichen Verfahren eine prozeßhindernde Einrede. Die Einrede entfällt, wenn der Kläger dem Arbeitsgericht eine von dem Verhandlungsleiter der Gütestelle unterschriebene Bescheinigung vorlegt, daß eine Einigung der Streitparteien trotz Erscheinens des Klägers nicht erfolgt ist oder wenn die Voraussetzungen vorliegen, unter denen nach § 92 Abs. 2 Nr. 1 bis 3 die prozeßhindernde Einrede des Schiedsvertrags in Arbeitsstreitigkeiten entfiele.

§ 102. Zusammensetzung der Gütestelle.

Die Zusammensetzung der Gütestelle ist im Gütevertrage zu vereinbaren. Die Vorschriften des § 93 Abs. 1 Satz 2, Abs. 2, 3 und 4 gelten entsprechend.

§ 103. Verfahren vor der Gütestelle.

Das Verfahren vor der Gütestelle findet nur statt, wenn die Streitparteien vor ihr persönlich erscheinen. Es wird nach dem freien Ermessen der Gütestelle geregelt, soweit der Gütevertrag nichts anderes bestimmt.

§ 104. Vergleich.

Für einen vor der Gütestelle geschlossenen Vergleich gelten die Vorschriften der §§ 97 und 99 entsprechend.

§ 105. Ausschluß des arbeitsgerichtlichen Güteverfahrens.

Soweit ein Gütevertrag geschlossen ist, findet ein Güteverfahren vor dem entscheidenden Arbeitsgerichte nach § 54 nicht statt.

Dritter Abschnitt.

Schiedsgutachtenvertrag.

§ 106. Grundsatz.

Soweit die Vertragsparteien nach § 91 einen Schiedsvertrag in Arbeitsstreitigkeiten schließen können, können sie auch ohne Ausschluß der Arbeitsgerichtsbarkeit vereinbaren, daß Tatfragen, die für die Entscheidung des Rechtsstreits erheblich sind, durch ein Schiedsgutachten entschieden werden sollen (Schiedsgutachtenvertrag).

Die Vereinbarung hat die Wirkung, daß die durch Schiedsgutachten zu entscheidenden Tatfragen der Sachprüfung und Beweiserhebung im arbeitsgerichtlichen Verfahren entzogen sind und daß die Arbeitsgerichtsbehörde an das Schiedsgutachten gebunden ist. Die Wirkung tritt nicht ein, wenn eine der Voraussetzungen vorliegt, unter denen nach § 92 Abs. 2 die prozeßhindernde Einrede des Schiedsvertrags in Arbeitsstreitigkeiten entfiele.

§ 107. Zusammensetzung der Schiedsgutachterstelle. Verfahren.

Die Zusammensetzung der Schiedsgutachterstelle ist im Schiedsgutachtenvertrage zu vereinbaren. Die

Vorschriften des § 93 Abs. 1 Satz 2, Abs. 2, 3 und 4, der §§ 94 bis 96 und des § 98 Abs. 1 und 2 gelten entsprechend.

Fünfter Teil.

Ausführungs- und Übergangsvorschriften.

§ 108. Ausführung des Gesetzes.

Die zur Durchführung dieses Gesetzes erforderlichen Ausführungsbestimmungen erlassen der Reichsarbeitsminister und der Reichsminister der Justiz gemeinsam mit Zustimmung des Reichsrats und nach Anhörung eines achtundzwanziggliedrigen Ausschusses des Reichstags.

§ 109. Oberste Landesbehörde für die Sozialverwaltung.

Die Landesregierungen bestimmen, welche Behörden als oberste Landesbehörde für die Sozialverwaltung und als höhere Verwaltungsbehörde gelten.

§ 110. Wegfall gesetzlicher Bestimmungen.

Es treten außer Kraft:

1. das Gewerbegerichtsgesetz;
2. der § 14 Nr. 4 des Gerichtsverfassungsgesetzes;
3. das Gesetz, betreffend Kaufmannsgerichte;
4. der § 81b Abs. 1 Nr. 4, die §§ 91, 91a, 91b und der § 93 Abs. 2 Nr. 7 der Gewerbeordnung;

5. der Artikel II der Verordnung über das Schlichtungswesen vom 30. Oktober 1923 (Reichsgesetzbl. I S. 1043);
6. die Verordnung zur Ausführung der Verordnung über das Schlichtungswesen vom 10. Dezember 1923 (Reichsgesetzbl. I S. 1191);
7. der § 8 Satz 2, der § 18 Satz 2, der § 19 Satz 2 und die Ziffer I der Maßgaben der Inkraftsetzung der Verordnung, betreffend eine Vorläufige Landarbeitsordnung vom 24. Januar 1919 (Reichsgesetzbl. S. 111);
8. die §§ 99, 100 des Reichsversorgungsgesetzes.

§ 111. **Abänderung der Gewerbeordnung.**

Die Gewerbeordnung wird folgendermaßen abgeändert:

1. im § 81a Nr. 4 werden die Worte „der im § 4 des Gewerbegerichtsgesetzes (Reichsgesetzbl. 1901 S. 353) bezeichneten Art" gestrichen;
2. an Stelle des § 91b treten folgende Bestimmungen:

„Als das gemäß § 83 Abs. 2 Nr. 11 für die Verhandlung von Streitigkeiten nach § 81a Nr. 4 zuständige Organ hat die Innung einen Ausschuß zu bilden, dem Arbeitgeber und Arbeitnehmer in gleicher Zahl angehören müssen.

Wird der von diesem Ausschuß gefällte Spruch nicht innerhalb einer Woche von beiden Parteien anerkannt, so kann binnen zwei Wochen nach ergangenem Spruche

Klage beim zuständigen Arbeitsgericht erhoben werden. Der Klage muß in allen Fällen die Verhandlung vor dem Ausschuß vorangegangen sein.

Aus Vergleichen, die vor dem Ausschuß geschlossen sind, und aus Sprüchen des Ausschusses, die von beiden Parteien anerkannt sind, findet die Zwangsvollstreckung statt. Die §§ 104 und 105 des Arbeitsgerichtsgesetzes gelten entsprechend."

§ 81a GO. in der abgeänderten Form:

§ 81a. Aufgabe der Innungen ist:

1. die Pflege des Gemeingeistes sowie die Aufrechterhaltung und Stärkung der Standesehre unter den Innungsmitgliedern;
2. die Förderung eines gedeihlichen Verhältnisses zwischen Meistern und Gesellen (Gehilfen) sowie die Fürsorge für das Herbergswesen;
3. die nähere Regelung des Lehrlingswesens und die Fürsorge für die technische, gewerbliche und sittliche Ausbildung der Lehrlinge, vorbehaltlich der §§ 103e, 126—132a;
4. die Entscheidung von Streitigkeiten zwischen den Innungsmitgliedern und ihren Lehrlingen.

§ 112. Abänderung des Betriebsrätegesetzes.

Das Betriebsrätegesetz[1]) wird folgendermaßen abgeändert:

1. im § 28 treten an die Stelle der Worte „dem Arbeitgeber und gegenüber dem Schlichtungsausschusse" die Worte „dem Arbeit-

geber, den Schlichtungseinrichtungen und den Arbeitsgerichtsbehörden";

2. im § 39 Abs. 2, im § 41, im § 43 Abs. 2 und im § 52 Abs. 1 und 2 treten an die Stelle der Worte „der Bezirkswirtschaftsrat" bis „Schlichtungsausschuß" die Worte „das Arbeitsgericht";

3. im § 80 Abs. 2 treten an die Stelle der Worte „der Schlichtungsausschuß" die Worte „das Arbeitsgericht";

4. an die Stelle der Worte „durch Schiedsspruch eines Schlichtungsausschusses oder einer vereinbarten Einigungs- oder Schiedsstelle" treten im § 81 Abs. 3 die Worte „durch Urteil des Arbeitsgerichts oder durch Schiedsspruch eines Schiedsgerichts", im § 85 Abs. 2 Nr. 1 und im § 96 Abs. 2 Nr. 1 die Worte „durch Beschluß des Arbeitsgerichts";

5. im § 82 Abs. 3 treten an die Stelle der Worte „den zuständigen Schlichtungsausschuß oder eine vereinbarte Schiedsstelle" die Worte „das Arbeitsgericht", im Abs. 4 tritt an die Stelle der Worte „Schlichtungsausschusses oder der Schiedsstelle" das Wort „Arbeitsgerichts";

6. im § 83 fallen Satz 1, 2 und 4 weg; im dritten Satze werden hinter den Anfangsworten „Geht die Entscheidung" die Worte „des Arbeitsgerichts" eingefügt;

7. im § 86 Abs. 1 Satz 3 werden die Worte „den Schlichtungsausschuß" durch die Worte „das

Arbeitsgericht", im Abs. 3 wird das Wort „Schlichtungsausschusses" durch das Wort „Arbeitsgerichts" ersetzt, der zweite Absatz fällt weg;

8. im § 87 fallen Abs. 1 und Abs. 2 Satz 5 weg; an die Stelle der Anfangsworte des zweiten Absatzes „Geht die Entscheidung" treten die Worte „Geht das Urteil des Arbeitsgerichts", im Abs. 3 Satz 1 treten an die Stelle der Worte „nach Kenntnis" bis „Entscheidung" die Worte „nach der Zustellung des Urteils an ihn";

9. im § 89 Satz 2 treten an die Stelle der Worte „eine Woche" bis „Entscheidung" die Worte „drei Tage danach", im Satze 4 treten an die Stelle der Worte „Eintritt" bis „Entscheidung" die Worte „Tage der Urteilsfällung";

10. im § 93 treten an die Stelle der Worte „Der Bezirkswirtschaftsrat" die Worte „Das Arbeitsgericht";

11. der § 94 fällt weg;

12. im § 96 Abs. 3 fallen die Worte „und § 86 Abs. 2" weg; im Abs. 4 fallen die Worte „oder durch Entscheidung des Schlichtungsausschusses" weg;

13. im § 97 Satz 1 treten an die Stelle der Worte „den Schlichtungsausschuß anzurufen, der" die Worte „das Arbeitsgericht anzurufen, das"; im zweiten Satze wird das Wort „er" jedesmal durch das Wort „es" ersetzt; im

12*

dritten Satze fallen die Worte „des Schlichtungsausschusses“ weg;

14. der § 103 fällt weg.

Im § 1 der Verordnung zur Ausführung des Betriebsrätegesetzes vom 5. Juni 1920 (Reichsgesetzbl. S. 1139) treten an die Stelle der Worte „Schlichtungsausschusses“ bis „Schiedsstelle (im Falle des § 82 Abs. 3)“ die Worte „des Arbeitsgerichts oder des vereinbarten Schiedsgerichts“.

[1]) Die betreffenden Paragraphen des BRG. in der abgeänderten Form siehe hinter § 2.

§ 113. **Abänderung des Strafgesetzbuchs.**

Im § 334 des Strafgesetzbuchs werden in den Abs. 1 und 2 hinter dem Worte „Schiedsrichter“ die Worte „Beisitzer einer Arbeitsgerichtsbehörde“ eingefügt.

§ 334 StGB. in der abgeänderten Form:

§ 334. Ein Richter, Schiedsrichter, Beisitzer einer Arbeitsgerichtsbehörde, Geschworener oder Schöffe, welcher Geschenke oder andere Vorteile fordert, annimmt oder sich versprechen läßt, um eine Rechtssache, deren Leitung oder Entscheidung ihm obliegt, zugunsten oder zum Nachteile eines Beteiligten zu leiten oder zu entscheiden, wird mit Zuchthaus bestraft.

Derjenige, welcher einem Richter, Schiedsrichter, Beisitzer einer Arbeitsgerichtsbehörde, Geschworenen oder Schöffen zu dem vorbezeichneten Zwecke Geschenke oder andere Vorteile anbietet, verspricht oder gewährt, wird mit Zuchthaus bestraft. Sind mildernde Umstände vorhanden, so tritt Gefängnisstrafe ein.

§ 114. Abänderung des Gesetzes über die Beschäftigung Schwerbeschädigter.

Im § 18 Abs. 1 des Gesetzes über die Beschäftigung Schwerbeschädigter tritt an die Stelle des Wortes „Arbeitsgericht" das Wort „Schöffengericht".

Der bisherige zweite Absatz wird dritter Absatz.

Der § 26 fällt weg.

§ 18 SchBG. in der abgeänderten Form und der bisher gültige jetzt gestrichene § 26:

§ 18. Ein privater Arbeitgeber, der vorsätzlich oder in grober Fahrlässigkeit gegen die Vorschriften dieses Gesetzes verstößt, ist von dem Schöffengericht auf Antrag der Hauptfürsorgestelle für jeden einzelnen Fall des Verstoßes mit einer Buße bis 10 000 Mark, im Wiederholungsfalle 100 000 Mark zu belegen.

Als zweiter Absatz wird eingefügt:

> „Für das Verfahren gelten die Vorschriften der Strafprozeßordnung entsprechend. Der Antrag der Hauptfürsorgestelle ist bei dem Amtsanwalte zu stellen; er kann zurückgenommen werden. Die Buße kann durch schriftlichen Strafbefehl des Amtsrichters ohne vorgängige Verhandlung festgesetzt werden, wenn der Amtsanwalt schriftlich darauf anträgt."

Eine Buße kann nicht festgesetzt werden, wenn der Arbeitgeber nachweist, daß er im Durchschnitt der letzten drei Monate vor dem Verstoße wenigstens 10 v. H. seiner Arbeitsplätze mit Schwerbeschädigten oder mit Personen, die ihnen im Sinne der §§ 3, 8 und 20 dieses Gesetzes gleichstehen, besetzt hat. Dabei ist in Betrieben, in denen regelmäßig zu gewissen Zeiten des Jahres ein vermehrtes

Arbeitsbedürfnis eintritt, die höhere Zahl der Arbeitsplätze zugrunde zu legen.

§ 26. Solange Arbeitsgerichte noch nicht bestehen, treten an ihre Stelle in den Fällen des § 18 die Schöffengerichte. Auf das Verfahren vor den Schöffengerichten finden die Vorschriften der Strafprozeßordnung entsprechende Anwendung. Der Antrag der Hauptfürsorgestelle ist bei dem Amtsanwalte zu stellen. Die Buße kann durch schriftlichen Strafbefehl des Amtsrichters ohne vorgängige Verhandlung festgesetzt werden, wenn der Anwalt schriftlich darauf anträgt.

§ 115. Abänderung der Pachtschutzordnung.

Im § 1 Abs. 4 der Pachtschutzordnung werden hinter den Worten „die ordentlichen Gerichte" die Worte „oder die Arbeitsgerichte" eingefügt.

§ 1 Abs. 4 Reichspachtschutzordnung in der abgeänderten Form:

§ 1. (4) Zur Entscheidung der zur Zuständigkeit der Pachteinigungsämter gehörenden Pachtstreitigkeiten können die ordentlichen Gerichte oder die Arbeitsgerichte nicht angerufen werden.

§ 116. Abänderung sonstiger Gesetze.

Soweit nach anderen Gesetzen oder Verordnungen Gewerbegerichte, Kaufmannsgerichte, arbeitsgerichtliche Kammern der Schlichtungsausschüsse oder Innungsschiedsgerichte zur Entscheidung von Rechtsstreitigkeiten zuständig sind, treten an ihre Stelle die Arbeitsgerichte.

§ 117. Übernahme von Beamten und Angestellten.

Die hauptamtlichen Beamten der nach § 85 des Gewerbegerichtsgesetzes zugelassenen Gewerbegerichte, die sich am Tage der Verkündung des Arbeitsgerichtsgesetzes im Amte befinden, sind unter Anrechnung ihrer bisherigen Dienstzeit in Dienststellen gleicher Art bei den für ihren bisherigen Amtssitz zuständigen Arbeitsgerichtsbehörden zu übernehmen. Soweit Beamte dieser Gerichte am Tage der Verkündung des Arbeitsgerichtsgesetzes bereits aus dem Amte geschieden waren, geht die Verpflichtung zur Gewährung von Ruhegehalt und Hinterbliebenenversorgung auf das Land über. Eine Beeinträchtigung der bisherigen Einstufung, der bisherigen Dienstbezüge, Ruhegehalts- und Hinterbliebenenversorgungsansprüche darf durch die Übernahme nicht eintreten.

Die hauptamtlichen Vorsitzenden der übrigen Gewerbegerichte und der Kaufmannsgerichte, die sich am Tage der Verkündung des Arbeitsgerichtsgesetzes im Amte befinden und die mindestens zwei Jahre als hauptamtliche Vorsitzende tätig gewesen sind, sollen auf ihren Antrag unter billiger Berücksichtigung ihrer bisherigen Bezüge auf Lebenszeit als hauptamtliche Vorsitzende von Arbeitsgerichten übernommen werden. Die Übernahme kann nur im Einvernehmen mit der obersten Landesbehörde für die Sozialverwaltung abgelehnt werden. Im Falle der Übernahme ist die hauptamtliche Tätigkeit im Dienste einer Gemeinde oder eines Gemeindeverbandes als Landesdienst anzurechnen.

Die Übernahme erfolgt nicht, wenn der Vorsitzende die von der Gesetzgebung festgesetzte Altersgrenze, bei deren Erreichung Richter in den Ruhestand treten, erreicht hat.

Die übrigen bisher bei den Gewerbegerichten und Kaufmannsgerichten beschäftigten Personen, die am Tage der Verkündung des Arbeitsgerichtsgesetzes ausschließlich im Dienste bei den Gewerbegerichten und Kaufmannsgerichten tätig sind, sind auf ihren Antrag unter Anrechnung ihrer Dienstzeit in entsprechende Dienststellen zu übernehmen. Die Übernahme der Beamten erfolgt unter billiger Berücksichtigung ihrer bisherigen Bezüge, die der Angestellten nach dem zuständigen Tarifvertrage.

§ 85 GGG.:

§ 85. Die nach § 14 Nr. 4 des Gerichtsverfassungsgesetzes zugelassenen, auf Grund der Landesgesetze zur Entscheidung gewerblicher Streitigkeiten berufenen Gewerbegerichte werden mit dem 1. April 1892 aufgehoben, sofern nicht bis zu diesem Zeitpunkt ihre Zusammensetzung den Bestimmungen des § 13 Abs. 1 und 2 entspricht. Auf die Vertretung der Parteien vor den bezeichneten Gerichten finden die Bestimmungen des § 31 Anwendung.

Sofern diese Gerichte den vorbezeichneten Erfordernissen entsprechen, erleidet ihre Zuständigkeit durch dieses Gesetz keine Einschränkung.

§ 118. Leistungen der Gemeinden.

Gemeinden und Gemeindeverbände haben den Ländern diejenigen ihnen gehörenden Grundstücke, die am 1. Januar 1925 lediglich Zwecken der Gewerbegerichte und Kaufmannsgerichte gedient haben, nebst ihrer Geräteausstattung unentgeltlich zu Eigentum zu übertragen; andere Räume, die an diesem Tage ausschließlich oder neben anderen Zwecken auch den Zwecken der Gewerbegerichte und Kaufmannsgerichte gedient haben, haben sie den Ländern auf Ersuchen nebst Geräteausstattung, Beleuchtung, Heizung und Reinigung für die Zwecke der Arbeitsgerichte unentgeltlich zur Verfügung zu stellen. Das Recht der Länder zu einem weiteren Finanzausgleich mit den Gemeinden und Gemeindeverbänden wird hierdurch nicht berührt. Anderweitige Regelung durch Vertrag ist zulässig.

Streitigkeiten, die sich aus den Bestimmungen des ersten Absatzes ergeben, werden durch ein Schiedsgericht entschieden, das aus je einem Vertreter der Finanzverwaltung des Landes und der beteiligten Gemeinde oder des beteiligten Gemeindeverbandes als Beisitzer und aus einem nicht unmittelbar beteiligten Beamten des Landes als Vorsitzenden besteht. Der Vorsitzende wird, sofern sich die Finanzverwaltung des Landes und die Gemeinde oder der Gemeindeverband über seine Person nicht einigen, von dem Präsidenten des Oberlandesgerichts bestimmt, zu dessen Bezirk die beteiligte Gemeinde gehört oder in dessen Bezirk der beteiligte Gemeindeverband seinen Sitz hat.

§ 119. **Vermögen der reichsrechtlich zugelassenen Gewerbegerichte.**

Das Vermögen der nach § 85 des Gewerbegerichtsgesetzes[1]) zugelassenen Gewerbegerichte geht auf das Land über.

[1]) § 85 GGG. siehe hinter § 117.

§ 120. **Erste Berufung der Beisitzer.**

Bei der ersten Berufung der Beisitzer der Landesarbeitsgerichte nach dem Inkrafttreten des Arbeitsgerichtsgesetzes entfällt das Erfordernis einer dreijährigen Tätigkeit als Beisitzer einer Arbeitsgerichtsbehörde.

§ 121. **Erledigung anhängiger Verfahren.**

Verfahren in Arbeitssachen, die in dem im § 122 Satz 2 bezeichneten Zeitpunkt bei Gewerbegerichten, Kaufmannsgerichten, arbeitsgerichtlichen Kammern der Schlichtungsausschüsse, Innungsschiedsgerichten, den Ersatzstellen der Landeswirtschaftsräte oder dem Vorläufigen Reichswirtschaftsrat anhängig sind, gehen in der Lage, in der sie sich befinden, auf das Arbeitsgericht über, in dessen Bezirk die Stelle ihren Sitz hat, bei der das Verfahren bisher anhängig war. Dieses Arbeitsgericht ist auch für Klagen gegen Entscheidungen der Innungen und Innungsschiedsgerichte und für Klagen auf Aufhebung des Schiedsspruchs eines vereinbarten Schiedsgerichts in Arbeitssachen zuständig, die in dem im § 122 Satz 2 bezeichneten Zeitpunkt noch nicht bei einem Gericht anhängig sind. Auf das Verfahren vor den Arbeitsgerichtsbehörden finden die Vorschriften dieses Gesetzes Anwendung.

Für das Verfahren in Arbeitssachen, die in dem im § 122 Satz 2 bezeichneten Zeitpunkt bei ordentlichen Gerichten anhängig sind, bleiben die ordentlichen Gerichte bis zur rechtskräftigen Erledigung zuständig. Das Verfahren bestimmt sich nach den

Vorschriften über das Verfahren in bürgerlichen Rechtsstreitigkeiten.

§ 122. **Inkrafttreten.**

Das Arbeitsgerichtsgesetz tritt, soweit es sich um die Maßnahmen zu seiner Durchführung handelt, mit dem Tage der Verkündung in Kraft. Im übrigen tritt es, soweit der Reichsarbeitsminister und der Reichsminister der Justiz gemeinsam keinen späteren Zeitpunkt bestimmen, mit dem 1. Juli 1927 in Kraft. Mit diesem Zeitpunkt treten auch die in den §§ 110 bis 116 vorgesehenen Abänderungen von Gesetzen und Verordnungen in Kraft.

Berlin, den 23. Dezember 1926.

Der Reichspräsident.

von Hindenburg.

Der Reichsarbeitsminister.

Dr. Brauns.

Der Reichsminister der Justiz.

Dr. Bell.

Sachregister.

Zahlen allein bedeuten die Paragraphen des Arbeitsgerichtsgesetzes (S. 75ff.), E. mit den darauf folgenden Zahlen bedeutet Einleitung Seite, S. bedeutet Seite des Buches.

A.

B.

D.

E.

Gedruckt bei A. W. Hayn's Erben, Potsdam

Februar 1927

Walter de Gruyter & Co.
Berlin W 10 und Leipzig

Guttentagsche Sammlung
Deutscher Reichs- und Preußischer Gesetze

Textausgaben
mit Anmerkungen und Sachregister — Taschenformat — Gebunden

A. Reichsgesetze.

Band

1. **Verfassung des Deutschen Reichs** siehe Bd. 137.
2. **Strafgesetzbuch.** Von Fr. v. Liszt und E. Delaquis. 27 Auflage von E. Kohlrausch. — 1926. *Rm* 8,
3. **Militärstrafgerichtsordnung.** Von A. Romen und C. Rissom. 2. Auflage. — 1918. *Rm* 5,—
4. **Handelsgesetzbuch** ohne Seerecht. Von Litthauer und Mosse. 17. Auflage. Von E. Heymann. Groß-Oktav. 1926. *Rm* 14,—
5. **Wechselordnung.** Von J. Stranz und M. Stranz. 12. Auflage. — 1923. Mit Nachtrag, enthaltend **Wechselstempelgesetz und Scheckgesetz.** — 1926. *Rm* 3,50
6. **Reichsgewerbeordnung** nebst Ausführungsbestimmungen. Von Fr. Hiller und H. Luppe. 20. Auflage. — 1921. Mit Nachtrag, enthaltend alle Änderungen und Neuerungen bis Ende 1924. *Rm* 6,— Nachtrag einzeln *Rm* 1,50.
7. **Post- und Telegraphen-Gesetzgebung.** Von M. König. 6. Auflage. Vergriffen.
8. **Unterstützungswohnsitz** siehe **Fürsorgepflicht** von Sandré, Bd. 160.
9. Sammlung **kleinerer strafrechtlicher Reichsgesetze.** Von R. H. Kriegsmann. 3. Auflage. — 1910. *Rm* 4 -
10. **Reichsbeamtengesetz** siehe Bd. 82.
11. **Zivilprozeßordnung mit Gerichtsverfassungsgesetz.** Von R. Sydow. Fortgeführt von L. Busch und Krantz. 19. Auflage. Groß-Oktav. — 1926. *Rm* 25,—
12. **Strafprozeßordnung und Gerichtsverfassungsgesetz.** Von E. Kohlrausch. 20. Auflage. — 1925. *Rm* 7,—
13. **Konkursordnung und Anfechtungsgesetz.** Von R. Sydow. Fortgeführt von L. Busch und O. Krieg. 14. Auflage. — 1926 *Rm* 10,—

II. 27. — 15 000.

Band

14. **Gerichtsverfassungsgesetz.** Von R. Sydow. Fortgeführt von L. Busch. 10. Auflage. 1925. *Rm* 6,—
15. **Das deutsche Gerichtskostengesetz.** Von R. Sydow. Fortgeführt von L. Busch und F. Koehler. 11. Auflage. In Bearbeitung.
16. **Rechtsanwaltsordnung.** Von R. Sydow. 5. Auflage von M. Jacobsohn. — 1907. Mit Nachtrag von 1910. Vergriffen.
17. **Gebührenordnung für Rechtsanwälte usw.** Von R. Sydow. Fortgeführt von L. Busch und O. Krieg. 13. Auflage. In Bearbeitung.
18. **Reichsstempelgesetz.** Von P. Loeck. Vergriffen. Wird durch Kapitalverkehrssteuergesetz ersetzt. Erläuterte Ausgabe in Bearbeitung.
19. **Die Seegesetzgebung.** Von W. E. Knitschky. 5. Auflage von O. Rudorff. — 1913. *Rm* 8,—
20. **Krankenversicherungsgesetz** siehe Bd. 107, 161.
21. **Die Konsulargesetzgebung.** Von Ph. Zorn. 8. Auflage von K. Zorn. — 1911. *Rm* 4,50
22. **Patentgesetz.** Von R. Lutter. 8. Auflage. — 1920. Mit Nachtrag 1927. Nachtrag apart *Rm* 0,80. *Rm* 4,—
23. **Gewerbe-Unfallversicherungsgesetz** siehe Bd. 107, 161 und 161a/b.
24. **Aktiengesellschaft und Kommanditgesellschaften auf Aktien.** Von H. Keyßner und H. Veit Simon. 7. Auflage. In Bearbeitung.
25. **Brausteuergesetz.** Siehe Reichsgesetz Bd. 54 II.
26. **Münz- und Notenbankwesen.** Von R. Koch. 7. Auflage von Reichsbankpräsident Schacht. — 1925. *Rm* 14,—
27. **Gesundheitswesen im Deutschen Reich.** Von E. Goesch und J. Karsten. — 1888. Vergriffen.
28. **Bau-Unfallversicherungsgesetz** siehe Bd. 108.
29. **Erwerbs- und Wirtschaftsgenossenschaften.** Von L. Parisius und H. Krüger. 18. Auflage. — 1925. *Rm* 4,—
30. **Invalidenversicherungsgesetz** siehe Bd. 109, 161 und 161 a.
31. **Gewerbegerichtsgesetz.** Von W. Cuno. Vergriffen. Siehe auch Bd. 112, 112 a.
32. **Gesellschaften mit beschränkter Haftung.** Von L. Parisius und H. Crüger. 17. Auflage. — 1926. *Rm* 3,50
33. **Vereins- und Versammlungsrecht.** Von E. Ball. 2. Auflage von F. Friedenthal. — 1907. *Rm* 2,—
    Reichsvereinsgesetz vom 19. April 1908 siehe Bd. 88.
34. **Die Abzahlungsgeschäfte.** 3. Aufl. von E. Wilke. — 1910. *Rm* 1,20
35. **Die Reichs-Eisenbahngesetzgebung.** Von W. Coermann. — 1895. (Siehe auch Bd. 66.) *Rm* 2,—
36. **Privatrechtliche Verhältnisse der Binnenschiffahrt und Flößerei.** Von E. Löwe. 6. Auflage. — 1923. *Rm* 4,—

Band

37. **Unlauterer Wettbewerb.** Von A. Pinner. 7. Auflage von A. Elster. — 1921. *Rm* 1,40
38/39. **Bürgerliches Gesetzbuch nebst Einführungsgesetz.** Von A. Achilles. In Verbindung mit F. André, O. Meyer, O. Strecker, K. v. Unzner herausgegeben von M. Greiff. 12. Auflage. — 1926. *Rm* 24,—
40. Gesetz, betr. die **Pflichten der Kaufleute bei Aufbewahrung fremder Wertpapiere [Depotgesetz].** Von F. Lusensky. 3. Auflage. — 1916. Mit Nachtrag 1924. *Rm* 1,—
41. **Börsengesetz.** Von Th. Hemptenmacher. 3. Auflage von O. Meyer. — 1915. *Rm* 3,50
42. **Grundbuchordnung.** Von O. Fischer. 8. Auflage. — 1924. *Rm* 3,—
43. **Zwangsvollstreckung.** Von J. Krech und O. Fischer. 9. Auflage von O. Fischer. — 1922. *Rm* 3,50
44. **Auswanderungswesen.** Von F. Stoerk. — 1899. *Rm* 2,—
45. **Entmündigungsrecht.** Von P. Koll. — 1900. *Rm* 1,20
46. **Freiwillige Gerichtsbarkeit.** Von H. Jastrow. 6. Auflage von Herm. Günther. — 1921. *Rm* 4,50
47. **Deutsches Vormundschaftsrecht.** Von M. Schultzenstein und P. Köhne. 2. Auflage. — 1901. *Rm* 2,50
48. Gesetze, betr. den **Drogen-, Gift- und Farbenhandel** außerhalb der Apotheken. Von J. Broh. — 1899. *Rm* 1,20
49. **Deutsche Kolonialgesetzgebung.** Von Ph. Zorn. 2. Auflage von Sassen. — 1913. *Rm* 5,—
50. **Der Viehkauf [Viehgewährschaft].** Von H. Stölzle und H. Weiskopf. 6. Auflage. — 1926. *Rm* 15,—
51. **Hypothekenbankgesetz.** Von H. Göppert. 2. Auflage von Seidel. — 1911. Mit Nachtrag 1926. *Rm* 2,20
52. **Rechte der Besitzer von Schuldverschreibungen.** Von H. Göppert. 2. Auflage von E. Trendelenburg. — 1915. *Rm* 1,50
53. **Reichspreßgesetz.** Von A. Born. 3. Auflage. — 1924. *Rm* 4,—
54. Verkehr mit **Nahrungsmitteln, Genußmitteln und Gebrauchsgegenständen.** Von G. Lebbin. — 2. Auflage in 2 Bänden. II.: **Getränkegesetze und Getränkesteuergesetze** (Wein, Bier, Branntwein, Mineralwasser). Unter Mitwirkung von Dr. Kniebe. *Rm* 10,—
55. **Beschlagnahme von Lohn- und Gehaltsforderungen.** Von G. Meyer. 5. Auflage. — 1914. Durch Nachträge ergänzt 1925. Nachträge allein *Rm* 0,70. *Rm* 2,30
56. **Bekämpfung gemeingefährlicher Krankheiten.** Von B. Burkhardt. — 1900. *Rm* 1,20
57. **See-Unfallversicherungsgesetz** siehe Bd. 108 und 161 a.
58. **Recht der unehelichen Kinder.** Von H. Jastrow. — 1901. Mit Nachtrag 1925. *Rm* 1,60

Band

59. **Beurkundung des Personenstandes und die Eheschließung.** Von F. Fidler. 2. Auflage. — 1912. *Rm* 2,30
60. **Das Urheberrecht an Werken der Literatur und der Tonkunst.** Von O. Lindemann. 4. Auflage. — 1921. *Rm* 1,80
61. **Verlagsrecht.** Von B. Marwitz. 3. Auflage. — 1922. *Rm* 1,60
62. **Private Versicherungsunternehmungen.** Von H. Könige. 3. Auflage von Könige und Petersen. — 1927. *Rm* 20,—
63. **Gesetzestafel des deutschen Reichsrechts.** Von H. Bruhns. 2. Auflage. — 1913. *Rm* 3,—
64. Gesetzsammlung, betr. den **Handel mit Drogen und Giften.** Von H. Sonnenfeld. 3. Auflage. — 1926. *Rm* 12,—
65. **Weingesetz.** Von G. Lebbin. 2. Auflage. — 1909. *Rm* 2,— (Siehe auch Reichsgesetz Bd. 54 II.)
66. **Die Eisenbahngesetzgebung.** Von W. Pietsch. 2. Auflage. — 1913. (Siehe auch Bd. 91.) Vergriffen.
67. **Militärstrafgesetzbuch.** Von A. Romen und C. Rissom. 3. Auflage. — 1918. *Rm* 5,—
68. **Fleischbeschaugesetz.** Von G. Lebbin und G. Baum. — 1903. Vergriffen.
69. Reichsgesetz über die **Naturalleistungen der bewaffneten Macht im Frieden.** Von W. v. Hippel. — 1903. *Rm* 1,—
70. **Das Reichshaftpflichtgesetz.** Von G. Eger. — 1903. Vergriffen. (Als Ersatz Kommentar von Seligsohn. — 1920. *Rm* 8,—, geb. *Rm* 9,50)
71. **Kinderarbeit in gewerblichen Betrieben.** Von H. Spangenberg. 2. Auflage. — 1904. *Rm* 1,20
72. **Unfallversicherungsgesetz** siehe Bd. 108 und 161 a.
73. **Entschädigung für unschuldig erlittene Verhaftung und Bestrafung.** Von A. Romen. — 1904. *Rm* 1,70
74. **Die Kaufmannsgerichte.** Von M. Apt. 3. Auflage. — 1904. (Siehe auch Bd. 112 und 112 a.) Vergriffen.
75. **Konsulargerichtsbarkeit.** Von A. F. Vorwerk. 2. Ausgabe, mit den Schutzgebietsgesetzen. — 1908. *Rm* 1,60
76. **Die Rechtshilfe im Verkehr mit den ordentlichen Gerichten.** Von A. Friedländer. — 1906. *Rm* 1,50
77. **Das Erbschaftssteuergesetz.** Von B. Henckel. 1920. *Rm* 5,— Neue Fassung von H. Schachian. 4. Auflage. — 1926. *Rm* 2,50.
78. **Zigarettensteuergesetz.** Von Cuno. Vergriffen.
79. **Die Militärpensionsgesetze.** Von A. Romen.
    a) I. Teil: **Offizierpensionsgesetz.** — 1907. *Rm* 2,—
    b) II. Teil: **Mannschaftsversorgungsgesetz.** Mit **Kapitalabfindungsgesetz.** — 1908. *Rm* 2,—

Militärversorgungsgesetze siehe auch Bd. 152 und 152 a.

Band
80. **Gerichtliche Registerführung.** Von O. Lindemann. — 1906. *Rm* 2,40
81. **Urheberrecht an Werken der bildenden Künste und der Photographie.** Von L. Fuld. 2. Auflage. — 1926. *Rm* 6,—
82. **Reichsbeamtengesetz.** Von A. Arndt. 3. Auflage. — 1923. Mit Nachtrag, enthaltend die Änderungen bis 1924. *Rm* 3,50
83. **Versicherungsvertrag.** Von P. Hager und E. Bruck. 5. Auflage. — 1926. *Rm* 14,—
84. **Sammlung kleinerer privatrechtlicher Reichsgesetze.** Von G. Müller. — 1903. *Rm* 5,50
85. **Scheckgesetz.** Neue Auflage in Bearbeitung. (Siehe auch Reichsgesetze Bd. 5 und 162.) Kommentar von Michaelis. *Rm* 16,—, geb. *Rm* 18,—
86. **Die Auslieferungsverträge des Deutschen Reiches.** Von A. Cohn. 1908. *Rm* 4,—
87 a. **Das deutsche Warenzeichenrecht.** Von Freund und Magnus. 6., neubearbeitete Auflage von Jüngel und Magnus. Teil 1: **Die internationalen Verträge.** — 1924. *Rm* 9,—
88. **Vereinsgesetz.** Von A. Romen. 5. Auflage. In Bearbeitung.
89. **Vogelschutzgesetz.** Von L. v. Boxberger. — 1909. *Rm* 1,—
90. Die Haager Abkommen über das **Internationale Privatrecht.** Von G. Bogeng. — 1908. *Rm* 2,—
91. **Eisenbahn-Verkehrsordnung.** Von E. Blume. 3. Auflage von Weirauch. — 1926. *Rm* 12,—
92. **Verkehr mit Kraftfahrzeugen.** Von R. Kirchner. 3. Auflage. — 1915. Mit Nachtrag, enthaltend alle Neuerungen bis Ende 1925. Nachtrag einzeln *Rm* 1,50. *Rm* 5,—
93. **Sicherung der Bauforderungen.** Von E. Harnier. 3. Auflage. — 1912. *Rm* 1,50
94. **Die Beamtenhaftpflichtgesetze des Reiches und der Länder.** Von H. Delius. 3. Auflage. — 1921. *Rm* 3,20
95. Die Berner Übereinkunft über **Internationales Urheberrecht.** Von H. Dungs. — 1910. *Rm* 1,—
96. **Branntweinsteuergesetz — Branntweinmonopolgesetz** siehe Bd. 54 II.
97. **Schutzgebietsgesetz.** Von J. Gerstmeyer. — 1910. *Rm* 2,50
98. **Sechs Haager Abkommen über Internationales Privatrecht.** Von H. Dungs. — 1910. *Rm* 1,50
99. **Die Abkommen der Haager Friedenskonferenz.** Vergriffen. Jetzt: Wehberg, **Völkerbundakte.** *Rm* 4,—. (Außerhalb der Sammlung.)
100. **Kaligesetz.** Von B. Voelkel. — 1910. *Rm* 2,40
101. **Zuwachssteuergesetz.** Von W. Cuno. Vergriffen.

Band
126. **Besitzsteuergesetz.** Von A. Mrozek. Vergriffen.
127. **Geschäftsaufsicht zur Abwendung des Konkurses.** Von G. Klien und Ernst Jaeger. — 1917. Durch Nachträge ergänzt. *Rm* 3,—
128. **Verhaftung und Aufenthaltsbeschränkung.** Von A. Romen. — 1917. *Rm* 1,20
129. **Zivilrechtkriegsgesetze.** Von Fischer. — 1918. *Rm* 1,50
130. **Ersatzlebensmittelverordnung.** — 1918. *Rm* 1,50
131 a. **Reichsfinanzgesetzgebung 1918.** Bd. I: **Getränkesteuern.** Von G. Mayer. — 1918. *Rm* 2,50
131 b. **Reichsfinanzgesetzgebung 1918.** Bd. II: **Einkommen, Umsatz** usw. Von G. Mayer. — 1919. *Rm* 1,50
132. **Umsatzsteuergesetz.** Von Otto Lindemann. 4. Auflage. — 1926. *Rm* 10,—
133. **Reichswuchergesetzgebung.** Von Ad. Lobe. — 1918. *Rm* 2,80
134. **Der Ostfrieden.** Von Karl Strupp. — 1918. *Rm* 3,—
135. **Erbbaurecht.** Von H. Günther. — 1919. *Rm* 2,—
136. **Militärversorgungsgesetz.** Von H. Günther. — 1919. *Rm* 2,30
137. **Reichsverfassung.** Von Arndt. 2. Auflage. — 1921. *Rm* 2,50
138 a. **Arbeiterschutz und Arbeitsrecht.** Von A. Günther. — 1920. *Rm* 5,—
138 b. **Betriebsrätegesetz.** Von A. Günther. — 1920. Vergriffen.
139. **Grunderwerbsteuergesetz.** Von Otto Lindemann. 2. Auflage. — 1926. *Rm* 4,—
140. **Die Siedelungsgesetzgebung im Reich und in Preußen.** Von W. Holzapfel. — 1920. *Rm* 3,—
141. **Sozialisierungsgesetze.** Von Reier. — 1920. *Rm* 2,20
142. **Wirtschaftliche Demobilmachung.** Von Gg. Fischbach. — 1920. *Rm* 1,—
143. **Reichsabgabenordnung.** Von Nieberl. 2. Auflage. — 1927. *Rm* 12,—
144. **Versicherungsgesetz für Angestellte.** Siehe S. 12.
145. **Steuer- und Kapitalflucht.** Von E. H. Meyer. 2. Auflage. — 1921. *Rm* 1,60
146. **Tabaksteuergesetz.** Von Wündisch. — 1920. Mit Nachtrag 1925. *Rm* 4,—
147. **Filmzensur.** Von Szczesny. — 1920. *Rm* 1,50
148. **Reichsausgleichsgesetz.** Von Decke. — 1920. *Rm* 1,50
149. **Reichsnotopfergesetz.** Von Friedmann und Wrzeszinsky. — 1921. *Rm* 4,—
150. **Reichsschädengesetze.** Von Adolf Hohenstein und Wenzel Goldbaum. — 1922. *Rm* 4,—
151. **Einkommensteuer und Körperschaftsteuer.** Von Hollaender. — 1926. *Rm* 24,—

Band

152. **Wohlfahrtsgesetze.** Von Behrend und Stranz-Hurwitz. Teil I. — 1923. *Rm* 5,—

152 a. Desgl. Teil II. — 1925. *Rm* 9,—

Bd. 152 und 152 a zusammen bezogen *Rm* 12,—

153. **Zwangsanleihegesetz.** Von Simon und Beutner. — 1923. *Rm* 8,—

154. **Jugendwohlfahrtsgesetz und Jugendgerichtsgesetz.** Von Drewes und Sandré. — 1923. Mit Nachtrag, enthaltend die Ergänzungen bis April 1924. *Rm* 6,—

155. **Reichsknappschaftsgesetz.** Von Max Reuß und Fritz Hense. 2. Auflage. — 1926. *Rm* 12,—

156. **Mietrecht und Wohnungsmangelgesetz.** Von Krieg. 3. Auflage. — 1925. Mit Nachtrag 1927. *Rm* 7,—

Nachtrag apart *Rm* 0,60

157. **Dritte Steuernotverordnung vom 14. Februar 1924** mit den Vorschriften über **Aufwertung.** 2. Auflage unter dem Titel: **Aufwertungsgesetze.** Von Michaelis. — 1925. *Rm* 16,—

158. **Strafprozeßordnung.** Alte u. neue Fass. synoptisch gegenübergestellt. Von Feisenberger. — 1925. Mit Nachtrag 1927. *Rm* 4,50

159. **Industriebelastungsgesetz.** Von Höpker. *Rm* 4,—

160. **Fürsorgepflicht.** Von Sandré. — 1925. *Rm* 6,—

161. **Reichsversicherungsordnung.** Von Lippmann. *Rm* 11,—

161 a. Desgl. **Ergänzungsband,** enthaltend die neue Fassung des **Unfallversicherungsgesetzes** sowie die Änderungen der übrigen Bücher der RVO. Von Lippmann. *Rm* 4,—

161 b. Desgl. **Zweiter Ergänzungsband,** enthaltend die im ersten Halbjahr 1926 ergangenen Änderungen der RVO. — 1926. *Rm* 0,80

162. **Handelsrechtl. Nebengesetze.** Von Schreiber. — 1926. *Rm* 14,—

163. **Notariatsrecht.** Von Szkolny. — 1925. *Rm* 8,50

164. **Aufwertung von Versicherungsansprüchen.** Teil I: **Lebensversicherungen.** Von Berliner und Pfaffenberger. — 1926. *Rm* 6,50

164 a. Desgl. Teil II: **Sach-** (Feuer-, Glas-, Wasser- usw.) **und Transportversicherung, Unfall- und Haftpflichtversicherung.** — 1926. *Rm* 3,50

165. **Handbuch der Erwerbslosenfürsorge.** Von Schmeißer. 2. Auflage. — 1926. *Rm* 10,50

166. **Das deutsche Ausländerrecht.** Von Fraustädter und Kreutzberger. — 1926. Im Druck.

167. **Verordnung gegen Mißbrauch wirtschaftlicher Machtstellungen** (Kartellgesetz). Von Staffel. — 1927. *Rm* 3,—

168. **Arbeitsgerichtsgesetz.** Von Depène. — 1927. *Rm* 3,60

B. Preußische Gesetze.

Band

1. **Die Verfassung des Freistaats Preußen.** Von A. Arndt. — 1921. *Rm* 2,—
   Ausführlicher Kommentar von Stier-Somlo. — 1921. *Rm* 5,—
2. **Preußische Beamtengesetzgebung.** Von K. Pfafferoth. 5. Auflage. — 1916. *Rm* 2,40
3. **Nottestamente.** Von E. Kurtz. — 1904. *Rm* 1,50
4. **Gebührenordnung für Notare.** Vom 28. Oktober 1922. Von Rausnitz. 6. Auflage. — 1925. *Rm* 7,—

5—9 vergriffen.

10. **Einkommensteuergesetz** siehe Reichsgesetze Bd. 151.
11. **Gewerbesteuergesetz.** Von A. Fernow. Vergriffen.
12. **Allgemeines Berggesetz.** Von Schlüter und Hense. 4. Auflage. In Vorbereitung.
13. **Ergänzungssteuergesetz.** Von A. Fernow. 5. Auflage. *Rm* 3,—
14. **Kommunalabgabengesetz.** Von F. Adickes. 6. Auflage von Falk. — 1922. *Rm* 3,50
15. **Die Kreisordnungen.** Von O. Kolisch. — 1894. Vergriffen.
16. **Konzessionierung gewerblicher Anlagen.** Von W. v. Rüdiger. 2. Auflage. — 1901. Vergriffen.
17. **Preußisches Gerichtskostengesetz.** Von P. Siméon. 8. Auflage. In Vorbereitung.
18. **Preußisches Stempelsteuergesetz.** Von P. Loeck und W. Seyffarth. 10. Auflage von Eiffler. In Bearbeitung.
19. **Jagdscheingesetz.** Von F. Kunze. 2. Auflage. — 1899. *Rm* 2,—
20. **Die preußischen Erbschaftssteuergesetze.** Von U. Hoffmann. — 1905. *Rm* 3,—
   (**Reichs**-Erbschaftssteuergesetz siehe S. 12.)
21. **Handelskammern.** Von F. Lusensky. 2. Auflage. — 1909. *Rm* 3,—
22. **Anstellung und Versorgung der Kommunalbeamten.** Von W. Ledermann. 2. Auflage von L. Brühl. — 1914. *Rm* 2,—
23. **Ausführungsgesetze zum Bürgerlichen Gesetzbuche.** Von P. Siméon. 3. Auflage. — 1914. *Rm* 2,20
24. **Die Hinterlegungsordnung [1879].** Von G. Bartels. 2. Auflage. — 1908. *Rm* 2,—
   Abänderungsgesetz vom 21. April 1913 siehe Bd. 53.

Band

25. **Preußische Kommunalbeamtengesetzgebung.** Von F. Kremski. — 1901. *Rm* 3,—
26. **Diensteinkommen der Lehrer und Lehrerinnen.** Von E. Cremer. — 1900. *Rm* 2,20
27. **Warenhaussteuer.** Von G. Strutz. — 1900. *Rm* 1,20
28. **Die Fürsorgeerziehung Minderjähriger.** Von P. F. Aschrott. 3. Auflage. — 1917. *Rm* 2,80
29. **Ärztliche Ehrengerichte, das Umlagerecht und die Kassen der Ärztekammern.** Von F. Fidler. — 1901. *Rm* 1,50
30. **Preußisches Staatsschuldbuch** und **Reichsschuldbuch.** Von J. Mücke. — 1902. *Rm* 2,—
31. **Die preußischen Gesindeordnungen.** Zwei Bände. Von St. Gerhard.
    31 a. Altpreußische Provinzen und Rheinland. 2. Auflage. — 1914. *Rm* 3,—
    31 b. Hannover, Schleswig-Holstein, Hessen-Nassau und Hohenzollern. — 1902. *Rm* 2,50
32. **Städteordnung.** Von W. Ledermann und L. Brühl. 2. Auflage. — 1913. *Rm* 6,—
33. **Rentenguts- und Anerbenrechtsgesetzgebung.** Von M. Peltasohn und B. Peltasohn. — 1903. Vergriffen.
34. Sammlung der wichtigsten **preußischen Strafgesetze.** Von Lindemann. 2. Auflage. — 1912. *Rm* 3,50
35. **Geschäftsordnung für Gerichtsvollzieher.** Von E. Exner. — 1904. *Rm* 3,—
36. **Polizeiverordnungen in Preußen.** Von O. Lindemann. 2. Auflage. — 1912. *Rm* 2,50
37. **Enteignung von Grundeigentum.** Von O. Meyer. 3. Auflage. — 1927. Im Druck.
38. **Kreis- und Provinzialabgabengesetz.** Von F. Schmidt. — 1906. *Rm* 1,20
39. **Unterhaltung der öffentlichen Volksschulen.** Von A. Marcks. — 1906. *Rm* 1,80
40. **Verwaltungsstrafverfahren.** Von R. Katzenstein. — 1907. *Rm* 3,50
41. **Die preußischen Jagdpolizeigesetze.** Von F. Kunze und R. Kühnemann. 2. Auflage. — 1907. Vergriffen.
42. **Allgemeine Landesverwaltung** und **Zuständigkeit der Verwaltungs- und Verwaltungsgerichtsbehörden.** Von K. Friedrichs. 2. Auflage. — 1921. *Rm* 3,—

Band

43. **Verschuldungsgrenze** für land- und forstwirtschaftlich benutzte Grundstücke. Von R. Leweck. — 1908. *Rm* 2,40

44. **Quellenschutzgesetz.** Von L. Voelkel. — 1909. *Rm* 1,—

45. **Rechtsverhältnisse der Juden in Preußen.** Von M. Kollenscher. — 1910. *Rm* 2,40

46. **Austritt aus der Landeskirche.** Von H. Caro. — 1911. *Rm* 2,40

47. **Feuerbestattung.** Von W. Lohmann. — 1912. *Rm* 1,50

48. **Zweckverbandsgesetz für Groß-Berlin.** Von L. Brühl, K. Gordan und W. Ledermann. — 1912. *Rm* 4,—

49. **Gesetze gegen die Verunstaltung landschaftlich hervorragender Gegenden.** Von O. Goldschmidt. — 1912. *Rm* 2,40

50. **Gesetz, betr. die Anlegung und Veränderung von Straßen und Plätzen in Städten und ländlichen Ortschaften.** Von O. Meyer. — 1913. *Rm* 3,—

51. **Das preußische Disziplinargesetz für die nichtrichterlichen Beamten.** Von E. v. Dultzig. — 1914. *Rm* 4,20

52. **Preußisches Wassergesetz.** Von G. Wulff und F. Herold. — 1913. *Rm* 4,50

53. **Hinterlegungsordnung** von 1913. Von Hagemann. — 1914. *Rm* 2,20

54. **Anlegung von Sparkassenbeständen in Inhaberpapieren.** Von H. Döhring. — 1914. *Rm* 2,80

55. **Preußisches Wohnungsgesetz.** Von B. Schmittmann. — 1918. *Rm* 2,60

56. **Das preußische Tumultschadengesetz.** Von Bruno Friedländer. — 1919. *Rm* 0,80

57. Gesetz über **Landeskulturbehörden.** Von W. Holzapfel. — 1919. *Rm* 2,—

58. **Arbeitsnachweis.** Von P. Wölbling. — 1920. *Rm* 1,—

59. **Bildung der neuen Stadtgemeinde Berlin.** Von P. Wölbling 2. Auflage. — 1920. *Rm* 1,40

60. **Umlegungsordnung.** Von W. Holzapfel. — 1921. *Rm* 1,80

61. **Preußische Verwaltungsgebührenordnung.** Von K. Eiffler. Mit Nachtrag. — 1925. *Rm* 6,—

C. Textausgaben

ohne Anmerkungen mit Sachregister.

Aufwertungsgesetze mit Einleitung. Von Michaelis. *Rm* 1,50
Bürgerliches Gesetzbuch. 14. Auflage. *Rm* 5,–
Erbschaftsteuergesetz. Neue Fassung von H. Schachian. 3. Auflage. *Rm* 2,50
Freiwillige Gerichtsbarkeit. — 1920. *Rm* 1,—
Handelsgesetzbuch mit **Seerecht.** 11. Auflage. — 1924. *Rm* 2,60
Konkursordnung. 2. Auflage. — 1915. Mit Nachtrag 1925. *Rm* 1,—
Reichsmietengesetz. — 1922. *Rm* 0,50
Reichssteuergesetze 1925 (Steuerüberleitungsgesetz mit Durchführungsbestimmungen — Einkommensteuer, Körperschaftsteuer, Reichsbewertungsgesetz, Vermögensteuer, Erbschaftsteuer). *Rm* 4,—
Strafgesetzbuch. — 1925. *Rm* 3,—
Strafprozeßordnung. 5. Auflage. — 1924. *Rm* 2,50
Verfassung des Freistaates Preußen. *Rm* 0,60
Versicherungsgesetz für Angestellte. — 1927. *Rm* 2,—
Wechselordnung. — 1908. *Rm* 0,50
Wehrbeitrag und **Besitzsteuer.** — 1913. *Rm* 1,50
Zivilprozeßordnung mit **Gerichtsverfassungsgesetz** und **Einführungsgesetzen.** — 1924. *Rm* 3,50
Zuwachssteuergesetz. — 1911. *Rm* 0,50
— **Ausführungsbestimmungen.** — 1911. *Rm* 0,40
Preuß. Ausführungsanweisung zur **Gewerbeordnung.** — 1904. *Rm* 1,—

---

de Gruytersche Sammlung Deutscher Gesetze.

Handkommentare.

Zivilprozeßordnung von Sydow-Busch-Krantz. 19. Auflage. — 1926. *Rm* 25,—
Strafprozeßordnung von Feisenberger. — 1926. Mit Nachtrag 1927. *Rm* 17,—
Aufwertungsrecht von Michaelis. — 1926. *Rm* 16,—

Schlagwort-Register.

R = Nummer der Sammlung Deutscher Reichsgesetze, P = Nummer der Sammlung Preußischer Gesetze, S. = Seite.

Otto Walter, Buchdruckerei, Berlin S 14

FSC
www.fsc.org
MIX
Papier | Fördert
gute Waldnutzung
FSC® C083411

Kolibri 360 GmbH
Ferdinand-Jühlke-Straße 7
99095 Erfurt, Deutschland
produktsicherheit@kolibri360.de